영어는
아는
단어로

왕기초 124단어로
간결하고 우아하게 영어하는 법

영어는 아는 단어로

스즈키 히로시 지음 | 정은희 옮김

NEWRUN

공부를 시작하며

하고 싶은 말을 마음껏 영어로 표현하고 싶은 당신에게

하고 싶은 말을 영어로 마음껏 표현할 수 없는 괴로움은 많은 이가 공감하는 문제입니다. 우리가 지금까지 영어를 공부하는 것도 사실 이 문제를 극복하고 싶기 때문이지요. 그렇다면 이 문제를 극복하기 위해서는 무엇이 필요할까요?

첫째, 어휘력을 키우는 것입니다. 언어 학습에서 가장 중요한 것은 어휘력이지요. 그리고 언어를 공부하는 사람들 중에서 어휘력이 중요하다는 걸 모르는 사람은 없을 겁니다. 둘째, 이미 알고 있는 단어로 말할 수 있는 내용의 범위를 늘려가야 합니다. 그리고 마지막으로, 이미 아는 단어를 조합해 더 다양한 내용을 말할 수 있도록 표현의 범위를 넓혀가야 합니다. 그리고 이 책이 목표하는 바는 바로 두 번째와 세 번째의 능력을 강화하는 것입니다.

해답은 이미 아는 단어를 활용하는 것이다

원어민이 말하는 문장을 들어보면, 의외로 중학교 1학년 과정에 나올 법한 간단하고 쉬운 단어가 많다는 점을 알 수 있습니다. make, take, up 등 쉬운 단어로 말하는데도 문장의 의미를 이해하기 어려울 때가 많지요. 또 시험을 위해 단어 암기를 중심으로 공부한 사람들은 '미루다'를 put off와 같이 간단한 단어를 활용한 쉬운 표현보다 postpone이라는 단어를 더 쉽게 받아들이기도 합니다. 결국 우리는 이미 알고 있는 쉬운 단어들조차 제대로 활용하고 있지 못하고 있다는 겁니다.

한 가지 뜻에 만족하지 마라

영어를 많이 접하다 보면 어떨 때 have를 쓰는지 자연스럽게 알게 되고, have를 '가지다'라는 한 가지 뜻으로만 외우면 안 된다는 사실을 깨닫게 됩니다. 그래서 have의 뜻을 더 알아보기 위해 사전을 펼치면, 끝도 없이 나열된 긴 설명에 읽기도 전에 진이 빠지고 말지요. 결국 have의 뜻을 제대로 이해하지 못한 채로 사전을 덮는 일이 부지기수입니다. 하지만 이 말은 반대로 have의 뜻과 쓰임을 제대로만 이해한다면, 영어로 표현할 수 있는 내용의 범위가 훨씬 더 넓어진다는 뜻이기도 합니다.

형용사도 마찬가지입니다. 가령 fresh라는 단어를 살펴볼까요? fresh는 일반적으로는 '신선한'이라는 뜻으로, 생기 있고 팔팔한 이미지를 연상하게 합니다. 하지만 fresh coffee(갓 끓인 커피), fresh toast(갓 구운 토스트)라는 표현은 '신선한'이라는 뜻만으로는 온전히 이해하기 어렵습니다. 오히려 따끈따끈한 이미지를 떠올리게 하지요. 사실 형용사 fresh에는 '갓 만들어진'이라는 의미도 있습니다. fresh라는 익숙하고 쉬운 형용사조차 제대로 이해해서 활용하지 못하고 있다는 사실에 새삼 좌절감을 느낄지도 모르겠습니다. 단어의 대표적인 뜻 하나만 외우지 말고 그 단어가 지닌 본래의 의미를 이해한다면, 영어로 표현할 수 있는 범위가 훨씬 넓어질 겁니다.

이미지로 이해하라

이 책에서 언급되는 단어는 모두 초등학교 혹은 중학교에서 배우는 초급 수준에 해당합니다. 단어의 뜻을 학습하는 방법에는 여러 가지가 있겠지요. 사전을 활용하는 방법도 있고요. 하지만 사전과 친하지 않고, 사전에서 내용을 찾다 쉽게 지친다면, 이 책을 추천합니다. 이 책은 단어의 의미를 글이 아닌 이미지로 설명합니다. 일러스트를 통해 각 단어의 의미를 생각해보세요. 함께 나오는 용례도 꼼꼼하게 살펴본다면, 실전에서 바로 써먹을 수 있는 여러 표현을 자신의 것으로 만들 수 있습니다.

'조합'의 의미

말에도 이른바 '궁합'이 있습니다. 예를 들어 머리가 아플 때 여러분은 어떻게 말하나요? '머리가 아프다', '머리가 지끈지끈하다', '머리가 띵하다'라고 표현할 수 있겠지요. 즉 '머리'와 '아프다', '지끈지끈하다', '띵하다'는 서로 궁합이 좋은 말입니다. 반대로 궁합이 나쁜 말을 조합하면, 표현이 어색해지고 정확한 의미를 전달하기 어렵게 됩니다.

have는 '가지다', fresh는 '신선한'이라는 하나의 뜻으로만 기억해두면, 결국 말을 어떻게 조합해야 궁합이 좋은지 알기 어렵겠지요. 가령 우리는 '신발을 입다'라고 말하지 않습니다. '전화가 죽었다', '무거운 구름'이라는 표현도 쓰지 않지요. 하지만 영어로는 wear shoes(신발을 신다), 'The telephone is dead.'(전화가 안 된다), a heavy cloud(짙게 드리운 구름)이라고 말합니다. 이런 표현이 바로 궁합이 좋은 영단어의 '조합'이지요. 이처럼 어떤 언어든 단어와 단어 사이에는 '궁합'이 존재하며, 그것을 콜로케이션collocation, 연어이라고 부릅니다.

만약 원어민이 "The flowers died."라고 말했다고 해봅시다. 꽃을 마치 사람에 빗대어 '죽다'라고 한 멋진 표현이라고 감탄했다면, 조금 더 자세하게 살펴볼 필요가 있습니다. 대부분의 사람들이 '죽다'라는 뜻을 가장 먼저 떠올리지만, 사실 die에는 '동물이나 식물, 기계 등의 움직임이 멈추거나 제 기능을 하지 못하다'라는 의미도 있습니다. 즉 이때는 '시들다'라는 뜻으로 쓰인 것이지요. 사전을 찾아보면, die는 그 외에도 '사라지다', '멈추다' 등 여러 의미를 지니고 있다는 사실을 알 수 있습니다.

단어의 의미를 글자가 아닌 이미지로 이해하면, 그 단어를 제대로 활용할 수 있을 뿐만 아니라 나아가 어떤 단어와 조합해야 자연스러운지, 왜 그러한지도 알 수 있게 됩니다. 이 책에서는 주로 '동사와 목적어', '형용사와 명사' 사이의 조합을 다룹니다. 하지만 그 외에도 단어의 이미지를 이해할 수 있도록 여러 사용법 역시 함께 살펴볼 것입니다.

'숙어' 역시 효과적인 조합이다

앞에서 언급한 put off를 다시 한 번 떠올려볼까요? put과 off, 각 단어의 뜻을 알고 있어도 put off의 '연기하다'라는 뜻을 유추하기는 어렵습니다. 이러한 구동사(228쪽 참고), 숙어(관용구)는 영어를 공부하는 이들을 가장 괴롭히는 골칫거리 중 하나지요. 그래서 이런 표현들은 아는 단어의 조합으로 만들어졌어도 마치 완전히 새로운 단어를 대하듯 무조건 암기해야 한다고 생각하는 사람이 많습니다. 하지만 각 단어의 핵심 의미를 정확히 이해하면, 표현의 의미를 파악하는 일이 생각보다 쉬워집니다.

이 책과 함께 아는 단어를 활용하는 법을 깨우쳐봅시다. '이 단어는 아는 건데?'라며 가볍게 넘기지 말고, 하나하나 꼼꼼하게 살펴보기를 추천합니다.

이 책의 일러스트를 200퍼센트 활용하는 법

일러스트는 제가 직접 그렸습니다. 예전부터 저는 단어의 뜻을 일러스트로 표현하면서 영어를 공부했습니다. 뜻을 글자가 아닌 이미지로 이해하며 공부한 것이지요. 이 책에 등장하는 일러스트들은 아주 단순합니다. 단어를 직관적으로 이해할 수 있도록 그렸으니 그 점을 염두에 두고 살펴봐주시길 바랍니다.

이 책의 구성

총 3장 구성

- **동사:** 타동사에서는 동사와 목적어의 조합, 자동사에서는 주어(동작의 주체)와 동사의 조합을 설명합니다.
- **형용사:** 주로 형용사와 형용사가 수식하는 명사의 조합을 소개합니다. 'The line is busy.'와 같이 주어를 형용사로 설명하는 문장(서술 용법)도 일부 살펴볼 예정입니다.
- **전치사·부사:** 장소와 시간 등 전치사의 대상이 되는 말과 전치사의 조합, 동사와 궁합이 좋은 전치사·부사의 조합 등을 중심으로 살펴봅니다. '형용사+전치사'의 조합에 관한 설명도 지나치지 말고 꼭 확인해보세요.

차이점 알기

뜻이 서로 비슷한 단어(유의어)와 뜻이 서로 반대되는 단어(반의어)도 함께 실어 서로 비교해볼 수 있도록 구성했습니다. 여러 단어 사이의 관계와 미묘한 뉘앙스의 차이를 적절한 예시들과 함께 살펴봅시다.

이미지로 파악하기

대부분 한 단어를 두 페이지에 걸쳐 설명하고 있습니다. 책을 펼쳤을 때 내용이 한눈에 들어올 수 있도록 양면 페이지로 구성하여 왼쪽 페이지에는 그 단어의 핵심 의미와 대표적 뜻을 이해하는 데 도움이 되는 이미지나 조합을 보여주고, 오른쪽 페이지에는 그 외의 뜻을 설명합니다.

사전은 대부분 단어의 뜻을 주요 의미별로 구분하여 설명하지만, 이 책은 단어의 뜻을 정리하여 일러스트로 나타내고 있습니다. 일러스트는 이미지를 전달하기 때문에, 사람에 따라 해석이 조금씩 다를 수 있습니다. 하지만 이는 사전도 마찬가지입니다. 사전에 따라 실린 의미와 해석이 조금씩 달라질 수 있지요. 결국 자기만의 이미지를 구축하는 것이 가장 좋습니다.

또 최근에는 사전을 직접 찾아 공부하는 학습자가 별로 없지만, 사전만큼 좋은 학습 교재를 찾기는 어렵습니다. 이 책으로 먼저 단어의 핵심 의미를 쉽게 살펴본 뒤 더 많은 예시와 상세한 설명을 알고 싶다면, 반드시 사전을 활용해보길 추천합니다.

당연한 것부터 의외의 내용까지

책에 나오는 단어의 조합이나 예시 중에는 우리가 당연하게 생각하는 부분이나 익숙하게 여기고 있는 내용도 많습니다. 그래서 간혹 '굳이 이런 것까지 설명할 필요가 있나' 하는 의문이 들지도 모르겠네요. 하지만 그 당연한 것이 단어의 기본적인 의미를 나타내기 때문에 언급하지 않고 그냥 지나칠 수는 없습니다. 또 '우리말과 어감이 다른' 표현이나 '의외'라고 생각되는 내용 역시 매우 중요하므로, 그 부분에 유의하며 공부하는 것이 좋습니다.

전체를 살펴보며 이해하기

책에 나오는 다양한 용례를 살펴보면 그 단어가 주는 '느낌'을 파악할 수 있습니다. 각각의 단어를 암기한다고 생각하기보다 이미지 옆에 열거된 예시를 살펴보면서 단어의 의미를 이해하고 느껴보세요.

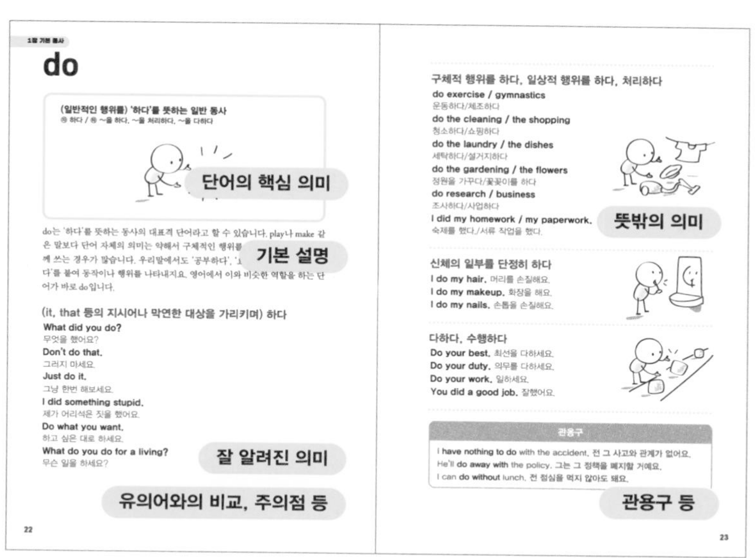

1장 기본 동사

do

(일반적인 행위를) '하다'를 뜻하는 일반 동사
Ⓢ 하다 / Ⓗ ~을 하다, ~을 처리하다, ~을 다하다

do는 '하다'를 뜻하는 동사의 대표격 단어라고 할 수 있습니다. play나 make 같은 말보다 단어 자체의 의미는 약해서 구체적인 행위를 … 께 쓰는 경우가 많습니다. 우리말에서도 '공부하다', '… 다'를 붙여 동작이나 행위를 나타내지요. 영어에서 이와 비슷한 역할을 하는 단어가 바로 do입니다.

(it, that 등의 지시어나 막연한 대상을 가리키며) 하다

What did you do?
무엇을 했어요?
Don't do that.
그러지 마세요.
Just do it.
그냥 한번 해보세요.
I did something stupid.
제가 어리석은 짓을 했어요.
Do what you want.
하고 싶은 대로 하세요.
What do you do for a living?
무슨 일을 하세요?

22

구체적 행위를 하다, 일상적 행위를 하다, 처리하다

do exercise / gymnastics
운동하다/체조하다
do the cleaning / the shopping
청소하다/쇼핑하다
do the laundry / the dishes
세탁하다/설거지하다
do the gardening / the flowers
정원을 가꾸다/꽃꽂이를 하다
do research / business
조사하다/사업하다
I did my homework / my paperwork.
숙제를 했다./서류 작업을 했다.

신체의 일부를 단정히 하다

I do my hair. 머리를 손질해요.
I do my makeup. 화장을 해요.
I do my nails. 손톱을 손질해요.

다하다, 수행하다

Do your best. 최선을 다하세요.
Do your duty. 의무를 다하세요.
Do your work. 일하세요.
You did a good job. 잘했어요.

관용구

I have nothing to do with the accident. 전 그 사고와 관계가 없어요.
He'll do away with the policy. 그는 그 정책을 폐지할 거예요.
I can do without lunch. 전 점심을 먹지 않아도 돼요.

23

기호(S, V, O, C)에 대한 설명

이 책은 문법에 초점을 맞춘 책이 아니므로, 문법에 관한 상세한 설명은 하지 않습니다. 다만 문장의 구성 요소를 나타내는 기호 S, V, O, C를 쓰고 있으므로, 그에 관해 간단히 설명하고자 합니다.

먼저 S는 '주어'를 의미합니다. 그리고 V는 문장 안에서 동작이나 작용을 나타내는 '동사'를 가리키지요.

영어에는 가령 'She jumps.'(그녀는 점프한다), 'He walks.'(그는 걷는다)와 같이 S와 V만으로 구성된 문장이 있습니다. 이런 경우 동사를 '자신만으로도 의미를 전달할 수 있는 동사', 즉 '자동사'라고 부릅니다. 이렇게 만들어진 문장의 형식을 SV형식이라고 말합니다.

이 SV형식에서는 'He walks fast.'(그는 빠르게 걷는다)의 fast나 'He walks to the station.'(그는 역까지 걷는다)의 to the station과 같이 부사나 부사구를 덧붙일 수 있습니다.

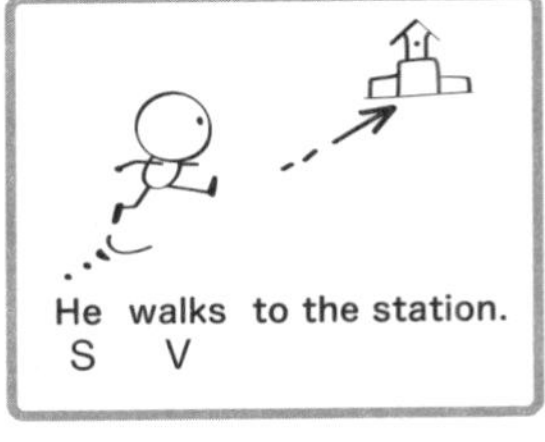

한편 'He loves his dog.'(그는 자신의 개를 사랑한다.)는 동사 뒤에 his dog이라는 목적어(동작이나 행위를 받는 대상을 나타내는 말)를 붙여 만든 문장으로, 이 경우의 동사를 '타동사'라고 합니다. 이는 문장의 의미가 성립하기 위해 목적어와 같은 다른 요소를 필요로 하는 동사를 의미합니다. 이때 '목적어'를 O로 표기하여 이 문장의 형식은 SVO형식이라고 씁니다.

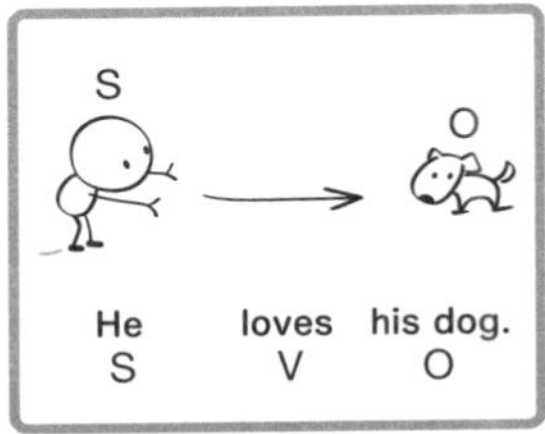

동사 중에는 자동사로도 쓸 수 있고, 타동사로도 쓸 수 있는 동사도 있습니다. 예를 들어 'He walks his dog.'(그는 개를 산책시킨다)처럼 walk를 타동사로 활용하여 자동사와는 다른 뜻을 표현할 수 있습니다. 물론 자동사와 마찬가지로 부사나 부사구를 붙일 수 있습니다.

또한 'He gives his dog some food.'(그는 개에게 먹이를 준다)처럼 두 개의 목적어를 가지는 동사도 있습니다. 이런 문장을 SVOO형식이라고 말합니다.

C는 '보어'를 나타내며, 전형적으로는 주어(S)와 동사(V) 뒤에 붙어 SVC형식의 문장을 만들 수 있습니다. 이 경우 S는 물론 '주어'로, 앞에서 언급한 SV나 SVO형식의 문장과 마찬가지로 문장의 '주역'을 맡습니다. 그러나 SV나 SVO형식의 문장에서는 S가 '동작의 주체'이지만, SVC형식에서 S는 동작의 주체라기보다 C에 의해 설명되는 '설명의 대상'입니다. S가 C에 어떤 작용을 하는 것이 아니라 S 자체가 C에 의해 설명되는 형태지요. 전형적으로는 V 자리에 be동사를 써서, 'That is his dog.'(그 개는 그의 개다), 'His dog is cute.'(그의 개는 귀엽다)와 같은 문장을 만들 수 있습니다. 앞 문장에서

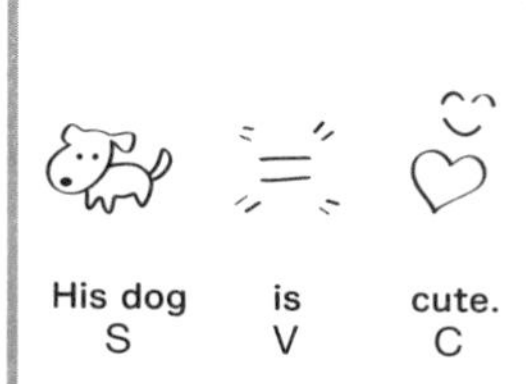

는 명사구 his dog이 보어이며, 뒤 문장에서는 형용사 cute가 보어로 쓰였습니다.

SVC문장에는 be동사뿐만 아니라 'His dog looks cute.'(그의 개는 귀여워 보인다)와 같이 일반 동사도 쓸 수도 있습니다. 이런 경우 동사는 '자동사'로 분류되며, 특히 '불완전자동사'라고 부릅니다. (22쪽 참고)

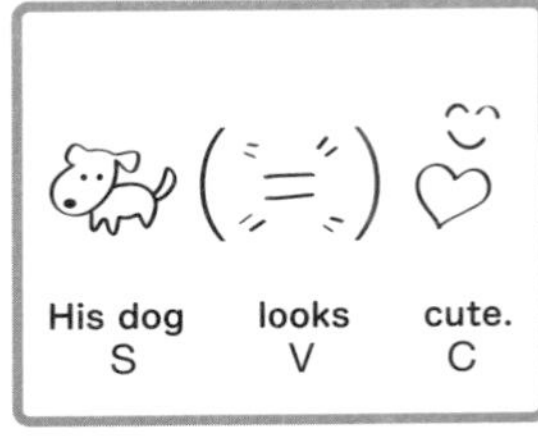

보어는 주어만 설명하는 말이 아닙니다. 'He calls his dog Jack.'(그는 자신의 개를 Jack이라고 부른다)처럼 보어 Jack이 목적어 his dog를 설명하기도 하지요. 이런 형식을 SVOC형식이라고 합니다.

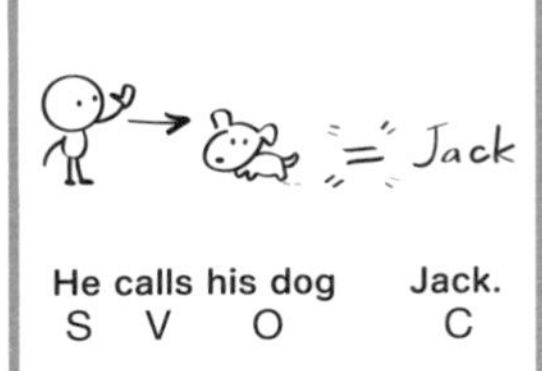

마지막으로 문장이 아닌 구를 살펴볼까요? 예를 들어 with the door closed(문이 닫힌 상태로)는 closed라는 보어가 명사 the door를 설명하는 형태로 이루어진 구입니다. 보어는 이렇게도 활용할 수 있지요. 사전에는 '보어' 혹은 C라고 표기되어 있으니, 보어라는 용어를 알고 있으면 사전에서 얻을 수 있는 정보가 상당히 늘어납니다.

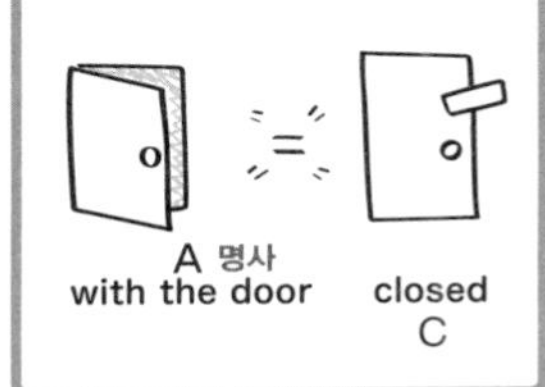

차례

1장 기본 동사

2장 형용사

3장 전치사와 부사

1장

기본 동사

기본 동사에 대하여

'~을 하다'라고 말하고 싶을 때는 do를 써야 할까요?

하지만 '운동 경기를 하다'라고 할 때는 play를 쓰고, '파티하다'라고 할 때는 have를 씁니다. 그럼 대체 '하다'는 영어로 뭐라고 해야 할까요?

영어를 공부하는 사람이라면, 누구나 한 번쯤 이런 고민에 빠지게 됩니다. 도움이 될까 싶어서 사전을 찾아보면, 초급 수준 단어인 do나 give도 생각보다 훨씬 더 많은 뜻을 지니고 있다는 사실을 알게 됩니다. get, take, put 역시 마찬가지입니다. 그래서 이런 기본 단어조차 제대로 이해하기가 쉽지 않지요.

게다가 동사와 전치사(at, about 등) 또는 동사와 부사(out, up 등)를 함께 쓰면, 전혀 예상치 못한 뜻이 되기도 합니다. 영어의 이런 점이 영어를 어렵게 만들곤 하지요.

그러나 달리 생각해보면, 기본 동사의 진정한 의미를 알면 지금까지 이해하지 못했던 영어의 상당 부분을 이해할 수도 있지 않을까요?

이 장에서는 기본 동사가 의미하는 이미지를 그려보고, 그와 궁합이 좋은 목적어, 전치사나 부사를 함께 살펴보면서 기본 동사의 '참뜻'을 알아볼 예정입니다.

이 장에서 설명하는 '궁합'

타동사와 목적어의 궁합

타동사란 주어(동작의 주체가 되는 말)와 목적어(동작의 대상이 되는 말)를 필요로 하는 동사입니다. 타동사의 사용법과 함께 그와 궁합이 좋은 목적어에는 어떤 것들이 있는지 살펴봅시다.

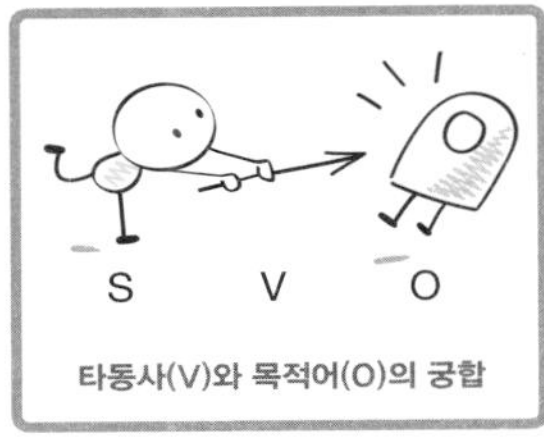

타동사(V)와 목적어(O)의 궁합

자동사와 주어의 궁합

자동사는 주어만으로도 의미를 충분히 전달할 수 있어 목적어가 필요 없는 동사입니다. 이런 동사는 주어와 동사의 궁합, 동사와 부사 혹은 동사와 전치사의 궁합이 중요합니다.

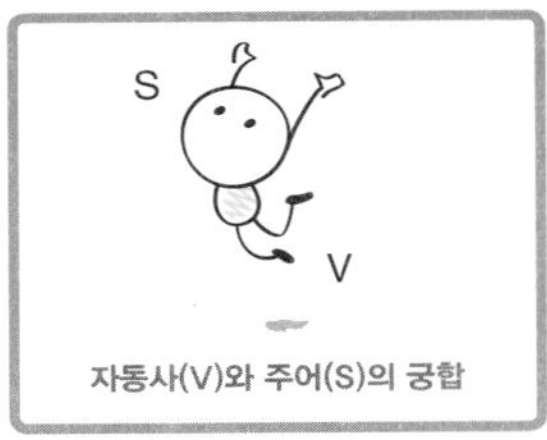

자동사(V)와 주어(S)의 궁합

자동사의 주어와 보어의 궁합

자동사 중에는 '불완전자동사'라고 부르는 동사가 있습니다. 불완전자동사를 쓸 때는 주어를 설명해주는 보어가 필요합니다. 따라서 주로 주어와 보어의 궁합에 관해 설명합니다. 구체적으로는 '~이 되다' 부분을 상세하게 다루고 있지요.

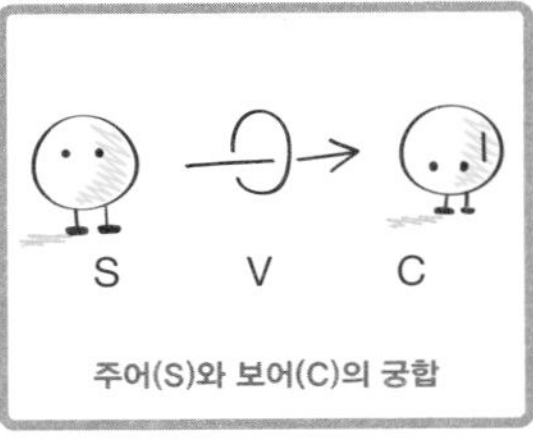

주어(S)와 보어(C)의 궁합

물론 하나의 동사가 타동사로 쓰이기도 하고 자동사로 쓰이기도 합니다. 그럴 때는 두 경우 모두에 관해 설명하고 있습니다. 필요에 따라 ㉶, ㉵ 등의 기호로 자동사와 타동사를 구분했으니 참고하시기를 바랍니다.

동사와 목적어의 Collocation

'하다'는 어떻게 말할까?

우리말로는 야구를 '하다', 파티를 '하다'라고 말하지만, 영어에서는 다른 동사를 씁니다. 이 정도는 알고 있더라도 어떨 때 어떤 단어를 써야 하는지는 꽤 헷갈리지요. 지금부터는 '하다'를 뜻하는 여러 단어에 대해 설명할 예정입니다. 각 단어의 이미지를 떠올리면, 이해하기가 크게 어렵지는 않을 것입니다.

do

(일반적인 행위를) '하다'를 뜻하는 일반 동사

㉶ 하다 / ㉷ ~을 하다, ~을 처리하다, ~을 다하다

do는 '하다'를 뜻하는 동사의 대표격 단어라고 할 수 있습니다. play나 make 같은 말보다 단어 자체의 의미는 약해서 구체적인 행위를 나타내는 목적어와 함께 쓰는 경우가 많습니다. 우리말에서도 '공부하다', '요리하다' 등 명사에 '하다'를 붙여 동작이나 행위를 나타내지요. 영어에서 이와 비슷한 역할을 하는 단어가 바로 do입니다.

(it, that 등의 지시어나 막연한 대상을 가리키며) 하다

What did you do?
무엇을 했어요?
Don't do that.
그러지 마세요.
Just do it.
그냥 한번 해보세요.
I did something stupid.
제가 어리석은 짓을 했어요.
Do what you want.
하고 싶은 대로 하세요.
What do you do for a living?
무슨 일을 하세요?

구체적 행위를 하다, 일상적 행위를 하다, 처리하다

do exercise / gymnastics
운동하다/체조하다

do the cleaning / the shopping
청소하다/쇼핑하다

do the laundry / the dishes
세탁하다/설거지하다

do the gardening / the flowers
정원을 가꾸다/꽃꽂이를 하다

do research / business
조사하다/사업하다

I did my homework / my paperwork.
숙제를 했다./서류 작업을 했다.

신체의 일부를 단정히 하다

I do my hair. 머리를 손질해요.
I do my makeup. 화장을 해요.
I do my nails. 손톱을 손질해요.

다하다, 수행하다

Do your best. 최선을 다하세요.
Do your duty. 의무를 다하세요.
Do your work. 일하세요.
You did a good job. 잘했어요.

관용구

I have nothing to do with the accident. 전 그 사고와 관계가 없어요.
He'll do away with the policy. 그는 그 정책을 폐지할 거예요.
I can do without lunch. 전 점심을 먹지 않아도 돼요.

play

운동하다, 기분 전환이나 오락의 일환으로 놀다, 장난을 치다

㉶ 놀다, 시합하다, 연주하다 / ㊋ ~을 하다, ~을 연기하다

공부나 일을 한다는 뜻의 work와 대비되는 단어 play의 기본 이미지는 '기분 전환', '오락'입니다. 따라서 기분 전환을 위한 스포츠, 악기 연주, 놀이 등이 play의 목적어로 궁합이 좋습니다. 또 연극의 배역을 맡아 연기하거나 어떤 상황이나 집단에서 특정 역할을 수행할 때도 play를 쓸 수 있습니다.

경기를 하다, 게임을 하다

I play sports. 운동을 해요.

I play football / baseball.
축구/야구를 해요.

I play video games.
비디오 게임을 해요.

We play cards.
우린 카드 게임을 해요.

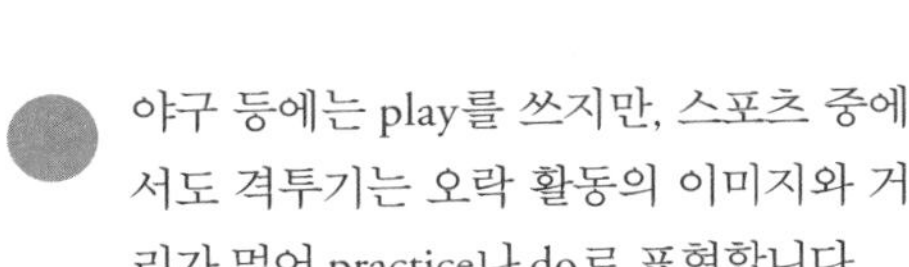

야구 등에는 play를 쓰지만, 스포츠 중에서도 격투기는 오락 활동의 이미지와 거리가 멀어 practice나 do로 표현합니다.

I practice taekwondo / judo / wrestling.
저는 태권도/유도/레슬링을 해요.

악기를 연주하다, CD 등을 재생하다

I play the guitar / the violin.
기타/바이올린을 연주해요.

I play music.
음악을 연주해요.

I play a DVD / a CD.
DVD/CD를 재생해요.

역할을 하다(연기하다, 수행하다)

He played Romeo.
그는 로미오 역을 연기했어요.

I'll play host to a conference.
제가 회의의 주최자 역할을 할 거예요.

He played an important role.
그가 중요한 역할을 했어요.

역할 놀이를 하다

The boy played doctor.
소년은 의사 놀이를 했어요.

They often play house / store.
그들은 가끔 소꿉/가게 놀이를 해요.

They play hide-and-seek.
그들은 숨바꼭질하며 놀아요.

관용구

They **played a joke on** me. 그들이 저를 놀렸어요.
He **played a trick on** me. 그가 저를 속였어요.
She always **plays with** her hair. 그녀는 항상 머리카락을 가지고 놀아요.

give(1)

자신에게서 뭔가를 꺼내다, 주다, 건네다

㉠ — / ㉣ ~을 주다, ~을 건네다, ~을 전하다, ~을 하다

기본적인 뜻은 '주다'입니다. 타인에게 뭔가를 주거나 자신의 능력을 방출하는 행위, 생리현상을 표현할 때도 씁니다. 모임을 주최하거나 강의 등을 할 때도 쓸 수 있지요.

대개는 방출하는 행위나 동작이 목적어가 되지만 받는 상대방도 목적어로 쓸 수 있으므로, 'Give me a kiss.' 처럼 '~에게 …을'이라는 형식으로 표현할 수 있습니다.

작용하다, 주다, 행하다

Give me a kiss / a hug. 키스해주세요. / 안아주세요.
She gave me a smile. 그녀가 제게 미소를 지어줬어요.
Let me give you some help. 당신을 도와드릴게요.
They gave a big welcome. 그들이 크게 환영해줬어요.
I'll give you a ride. 당신을 태워드릴게요.
Give me a break. 그만하세요.

'주다'라는 의미로 쓰는 give는 74쪽을 참고하세요.

소리나 음성, 생리현상을 일으키다

He gave a sigh. 그는 한숨을 내쉬었어요.

She gave a big smile. 그녀는 환하게 웃었어요.

She gave a loud laugh.
그녀는 크게 웃었어요.

She gave a chuckle.
그녀는 낄낄 웃었어요.

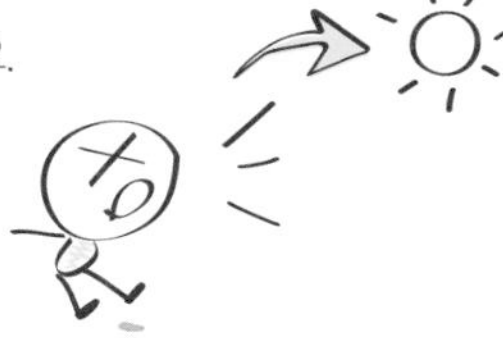

태도를 취하거나 동작을 하다

He gave me a push. 그가 내 등을 떠밀었어요.

He gave the door a push.
그가 문을 밀었어요.

She gave me a wave.
그녀가 제게 손을 흔들었어요.

Let's give it a try / a shot. 한번 해봐요.

모임을 열다, 수업 등을 하다

I gave a lecture / a talk. 강의/강연을 했어요.

He gave a concert. 그는 콘서트를 열었어요.

The singer gave a press conference.
그 가수는 기자회견을 열었어요.

He gave a demonstration.
그는 실연을 해줬어요.

He gave a birthday party for his mother.
그는 어머니께 생일 파티를 열어드렸어요.

관용구

She **gave birth to** a boy. 그녀는 남자아이를 낳았어요.

I'll **give thought to** the matter. 그 문제는 한번 생각해볼게요.

I'll **give consideration** to the situation. 그 상황을 고려해볼게요.

make(1)

손을 대서 어떤 형태나 상태가 되게 하다

㉶ 나아가다, ~의 상태가 되다 / ㉹ ~을 만들다, ~을 준비하다, ~을 하다

아무것도 없는 상태에서 혹은 재료를 이용하여 그 결과물로 어떤 형태나 상태를 만들어내는 행위를 나타낼 때 make를 씁니다. 즉 뭔가를 일으키거나 만드는 행위를 뜻하며, '하다', '(~의 상태가) 되다'로 해석할 수 있습니다.

물리현상을 만들어내다=행위를 하다

I made a mistake.
실수를 했어요.

I made contact with him.
그와 연락했어요.

I made a call.
전화를 했어요.

make a start / a turn
시작하다/방향을 틀다

make a move
행동하다

make a change 변경하다

make a decision / a choice
결정/선택하다

 '만들다'라는 의미로 쓰는 make는 36쪽을 참고하세요.

뭔가를 하다, 노력하여 하다

make an effort 노력하다
make a reservation 예약하다
make progress 진행하다
make a contribution 공헌하다
make a discovery 발견하다
make a contract 계약하다

제안하다, 의견을 내다, 말로 하다

make a suggestion 제안하다
make an offer 제안하다
make a toast 건배하다
make an announcement 발표하다
make a speech 연설하다
make a comment 의견을 내다
make a statement 설명하다
make a commitment 확약하다
make a promise 약속하다

일어나게 하다, 상태가 되다

make a wish 소원을 빌다
make a note 메모하다
make a joke 농담하다

관용구

make를 '분리', '출구'를 나타내는 **of**(266쪽 참고)와 함께 쓰면, 대상을 꺼내어 어떤 상태가 되게 한다는 의미를 표현합니다.

He **made use of** his knowledge.
그는 자신의 지식을 이용했어요. (→ 지식을 꺼내어 썼다는 의미)
We **make much of** diversity. 우리는 다양성을 중요시해요.
They **make fun of** me. 그들이 저를 놀려요.
They **make a fool of** me. 그들이 저를 놀려요.

have(1)

가지고 있는 상태가 되게 하다

㉮ — / ㉯ ~을 가지고 있다, ~을 받아들이다, ~을 경험하다

물론 have는 기본적으로 '가지고 있다'를 뜻하지만(44쪽 참고), have a ~의 형태로 쓰면 '(행위 등을) 하다'라는 의미가 됩니다. have는 '가지고 있다'라는 상태뿐만 아니라 '가지고 있는 상태가 되게 하다'라는 동작도 나타낼 수 있습니다. 이때 have가 '하다'의 의미를 지니지요. 자신에게서 '꺼내어 주다'라는 의미의 give나 '하다'라는 의미의 make와 달리 have는 '받아서 가지는' 쪽의 입장에서 쓰는 동사로, 뭔가를 손에 넣거나 영향을 받는 상황을 표현합니다.

먹다, 마시다

I have breakfast at seven.
전 7시에 아침을 먹어요.
I had fish for dinner.
저녁으로 생선을 먹었어요.
I have some coffee / tea.
커피/차를 마셔요.

'먹다'라는 의미의 eat가 음식을 입에 넣고 삼키는 행위를 뜻하는 직접적 표현인 반면, have는 조금 더 고상한 표현입니다. 그래서 사람 외에는 eat를 씁니다. '가지다'라는 의미로 쓰는 have는 44쪽을 참고하세요.

열다, 개최하다

Let's have a barbecue / a party.
바비큐 파티/파티를 엽시다.

She will have a concert.
그녀는 콘서트를 열 거예요.

have a game / a competition / an event
시합/대회/이벤트를 개최하다

(일회성의) 행위를 하다*

have a look
한번 보다

have a taste
맛보다

have a bite
한입 먹다

have a shower / a bath
샤워하다/목욕하다

have a shave
면도하다

have a walk / a swim / a ride
산책하다/수영하다/타고 가다

have a chat / a conversation
잡담하다/대화하다

have a drink 한잔하다

have a fight 싸우다

have a rest 쉬다

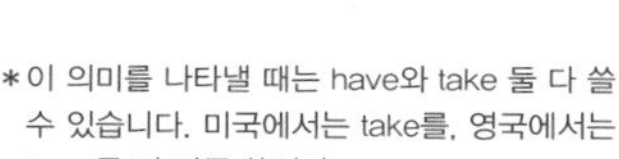

*이 의미를 나타낼 때는 have와 take 둘 다 쓸 수 있습니다. 미국에서는 take를, 영국에서는 have를 더 자주 씁니다.

경험하다, 보내다

He had an operation.
그는 수술을 받았어요.

ONE-UP! 그 밖에 '하다'를 표현하는 동사

● 우리말에서 '하다'는 의미가 광범위하지요. 그래서 영어로 말할 때 다양한 동사로 표현할 수 있습니다.

This shirt costs 100 dollars.
이 셔츠는 100달러 정도 합니다.
I'll take this.
이것으로 할게요.
I work as an office clerk.
사무원을 하고 있어요.
We made him the leader.
우리는 그를 지도자가 되게 했어요.
I decided to go.
전 가기로 했어요.
I exercise every day.
전 매일 운동을 해요.

● 영어에서는 명사로 쓰는 단어를 동사로도 쓸 수 있는 경우가 많습니다. 스포츠에도 이런 단어가 많지요. 스포츠 중 동사로 표현하는 예로는 다음과 같은 것들이 있습니다.

go golfing
골프를 치러 가다
go skiing (go playing ski)
스키를 타러 가다
go skating (go playing skate)
스케이트를 타러 가다
go bowling (go playing bowling)
볼링을 치러 가다
go snowboarding (go playing snowboarding)
스노보드를 타러 가다

동사와 목적어의 Collocation

'만들다'는 어떻게 말할까?

'하다'를 표현할 때도 make를 쓸 수 있지만, 원래 make는 '만들다'라는 뜻으로 더 많이 알려져 있지요. make의 의미는 워낙 광범위해서 다양한 목적어와 함께 쓸 수 있습니다. 여기에서는 make뿐만 아니라 '만들다'의 뜻을 지닌 다른 동사도 살펴볼 예정입니다.

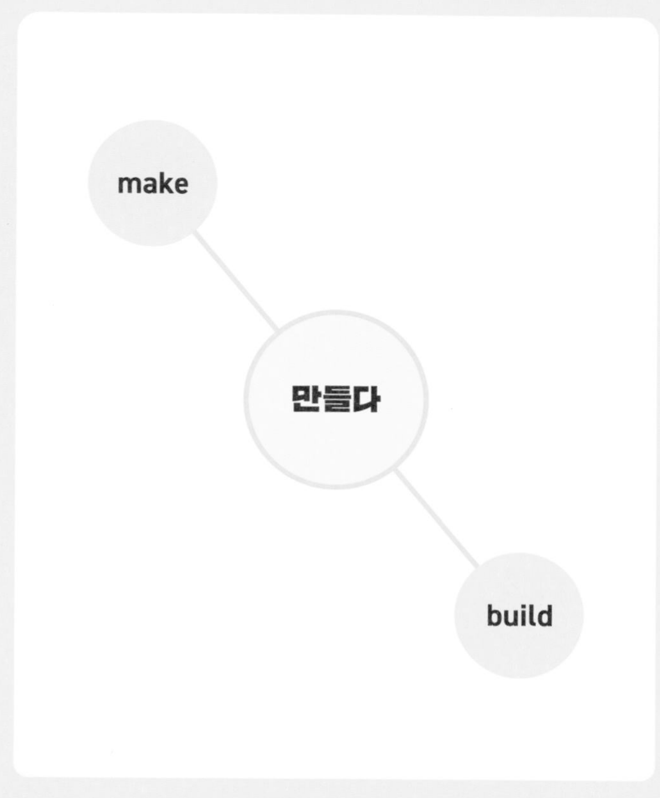

make(2)

손을 대서 어떤 형태나 상태가 되게 하다

㉚ 나아가다, ~의 상태가 되다 ㉣ ~을 만들다, ~을 준비하다, ~을 하다

make는 일반적으로 '만들다'를 의미합니다. 재료를 이용하여 '만들다', '제작하다'라는 뜻이며, 만드는 과정의 노력을 암시합니다. 재료를 나타낼 때는 make sauce with wine(와인으로 소스를 만들다)과 같이 with를, 원료를 나타낼 때는 from을 씁니다. (262쪽 참고)

만들다, 제작하다, 창작하다

make a movie / a film
영화를 만들다

make a dress
드레스를 만들다

make a list
목록을 만들다

make a plan
계획을 세우다

They made a law. 그들이 법을 만들었어요.

He made a hole in the wall. 그는 벽에 구멍을 냈어요.

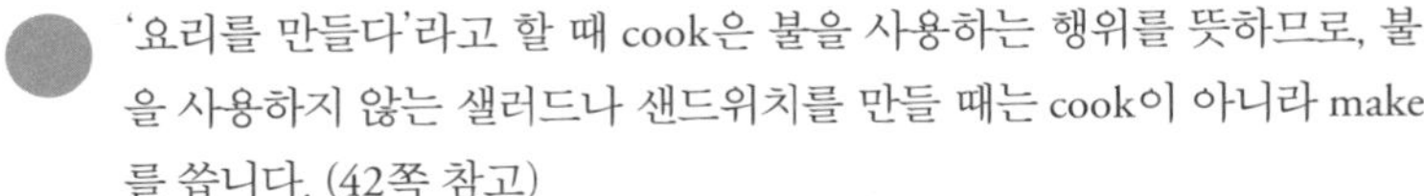

'요리를 만들다'라고 할 때 cook은 불을 사용하는 행위를 뜻하므로, 불을 사용하지 않는 샐러드나 샌드위치를 만들 때는 cook이 아니라 make를 씁니다. (42쪽 참고)

준비하다, 정돈하다

I make my bed. 침대를 정리해요.

My mother makes dinner for us.
어머니가 우리를 위해 저녁을 준비해요.

She made me a sandwich.
그녀가 저에게 샌드위치를 만들어줬어요.

She made room for me.
그녀가 저를 위해 공간을 준비해줬어요.

She made time for me.
그녀가 저를 위해 시간을 냈어요.

생기게 하다, 일으키다, 가져오다

He always makes trouble.
그는 항상 문제를 일으켜요.

He made a noise. 그가 소리를 냈어요.

I made a lot of effort. 전 많이 노력했어요.

It makes no difference. 그렇게 한다고 해도 달라질 건 없어요.

It makes sense. 말이 되네요.

만들어내다, 손에 넣다

make money 돈을 벌다

make a fortune 재산을 모으다

make a profit / a loss 이익/손실을 내다

I made friends with the foreigner. 그 외국인과 친구가 되었어요.

관용구

He **made up** a story. 그가 이야기를 **만들었어요.**

I **made up my mind.** 전 **결심했어요.**

He **made up for** the loss. 그는 손실을 **메웠어요.**

She **made** the material **into** a curtain.
그녀는 그 재료로 커튼을 **만들었어요.**

build

세우다, 쌓아 올리다

㉧ 서서히 증대하다 ㉣ ~을 세우다, ~을 쌓다, ~을 높이다

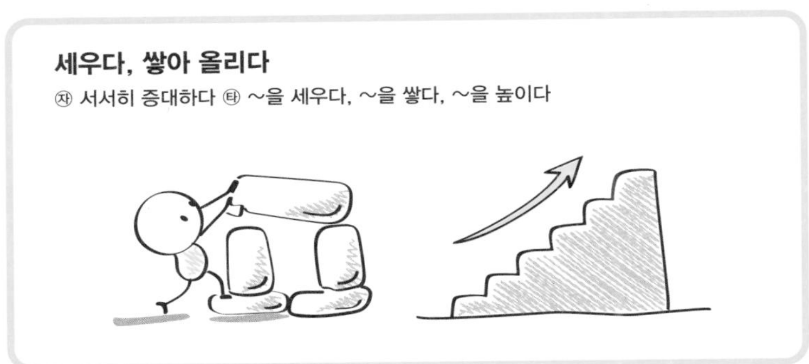

쌓아서 구조물을 세울 때 쓰는 동사가 build입니다. 건물이나 도로 등 규모가 큰 시설을 건설하는 경우에도 쓰지만, '쌓다'라는 의미에 초점을 맞춰 새집이나 기계를 만들 때도 씁니다. 또 '꾸준히 쌓아 올리다'라는 이미지를 떠올리며 추진 중인 사업이나 서서히 고조되는 감정을 표현할 수도 있습니다.

건축하다, 건설하다

build a house
집을 짓다

build a road / a bridge
길을 내다/다리를 놓다

build a dam / a ship
댐/배를 만들다

Birds build nests.
새가 둥지를 틀어요.

build a trench
구덩이를 파다

사업·관계 등을 구축하다, 확립하다

build a business
사업을 구축하다
build a relationship
관계를 구축하다
build a network
네트워크를 구축하다

쌓다: 감정이나 신뢰를 서서히 키워나가다, 형성하다 (build up)

He built confidence in speaking.
그는 말하기에 대한 자신감을 키웠어요.
He built a reputation.
그는 명성을 쌓아나갔어요.
She built a career.
그녀는 경력을 쌓았어요.
I need to build a strong vocabulary.
전 강한 어휘력을 키워야 해요.

신체나 성격 등을 형성하다, 강화하다

I exercise to build strength.
전 몸을 단련하기 위해 운동을 해요.
Build your health by eating healthy food.
몸에 좋은 음식으로 건강을 증진하세요.
He is well built.
그는 체격이 좋아요.

관용구

He **built up** a big business. 그는 큰 사업을 이룩했다.
My stress and fatigue **built up.** 스트레스와 피로가 쌓였어요.
A closet is **built in** under the stairs.
옷장은 계단 아래에 붙박이로 만들었다.

ONE-UP! 그 밖에 '만들다'를 표현하는 동사

● 식물이나 농작물을 '경작하다', '재배하다'는 **grow**로 표현합니다.

grow vegetables
채소를 키우다
grow food
식용작물을 재배하다

● **produce**는 판매를 목적으로 제품, 농산물 등을 대규모로 생산하거나 영화나 TV 방송을 제작하는 경우에 쓸 수 있습니다. 또 **manufacture**는 기계 등을 이용하여 공장 등에서 대규모로 제조한다는 의미입니다.

produce food
식료품을 생산하다
produce / manufacture goods
상품을 만들다/생산하다
produce / manufacture products
제품을 만들다/생산하다

● **build**와 **construct**는 건물, 다리 등 규모가 큰 시설을 건조하는 것을 표현할 때 씁니다(construct는 build보다 더 격식을 차린 표현입니다).

build / construct a bridge
다리를 만들다/건설하다
build / construct a tunnel
터널을 만들다/건설하다

● **develop**에는 '전개하다'라는 의미가 있습니다. 마치 서서히 봉오리를 여는 꽃의 이미지를 떠올리시면 됩니다. 그래서 '발전시키다', '진전시키다', '개발하다'라는 뜻으로 씁니다. 차분히 전개시키고 다듬어나가는 뉘앙스의 '만들다'를 나타냅니다.

develop a plan 계획을 세우다
develop a hard body 건장한 신체를 만들다
develop a program 프로그램을 만들다
develop a relationship 관계를 만들다/강화하다
develop a process 과정을 개발하다

● 지금까지 존재하지 않았던 것을 '창조해내는' 경우에는 **create**를 씁니다.

He created a new style of music.
그는 새로운 스타일의 음악을 만들었다.
The new factory created new jobs.
새 공장이 새 일자리를 만들었다.

● **establish**는 조직이나 제도, 관계 등 구축한다는 의미의 '만들다'를 뜻합니다. set이나 set up도 같은 의미로 쓸 수 있습니다.

establish a company
회사를 세우다/설립하다
establish an organization
조직을 만들다/구성하다
establish a foundation
기반을 만들다
establish a relationship
관계를 형성하다
establish / make / develop a website
웹사이트를 만들다
set / establish a world record
세계 기록을 세우다

음식을 '만들다'는 어떻게 표현할까?

- **cook**은 '가열하여 조리하다'라는 뜻입니다. 열을 이용하지 않는 샐러드나 샌드위치, 생선회 등은 cook이 아닌 **make**로 표현합니다. 손이 많이 가는 요리를 만들 때는 **prepare**도 쓸 수 있으며, 반대로 만들기 쉬운 요리일 때는 **fix**도 씁니다.

make / cook breakfast 아침식사를 만들다
make salad (× cook salad) 샐러드를 만들다
He prepared a delicious dinner.
그는 맛있는 저녁식사를 준비했다.
She fixed a sandwich for lunch.
그녀는 점심으로 샌드위치를 만들었다.

- 우리말에도 '끓이다', '삶다', '굽다' 등 조리 방식에 따른 여러 표현이 있듯이 영어 역시 마찬가지입니다. **boil**은 물 등을 끓이거나 뜨거운 국물로 조리할 때 씁니다. **steam**은 증기로 조리하는 것, 즉 '찌다'라는 뜻이지요. **stew**는 약한 불에서 천천히 끓이는 것을 표현합니다.

boil water 물을 끓이다 **boil fish** 생선을 익히다
boil eggs 계란을 삶다 **steam potatoes** 감자를 찌다
steam eels 장어를 찌다 **stew meat** 고기를 삶다

- '굽다'에 해당하는 표현도 여러 가지가 있습니다. **fry**, **grill**, **bake**, **toast**, **roast**를 구분하여 씁니다. **fry**는 기름이나 버터를 두르고 굽는 것을 뜻하며, **grill**은 석쇠 등을 이용하여 고온으로 굽는 것, **bake**는 오븐에서 굽는 것, **toast**는 빵 등을 적당히 굽는 것, **roast**는 오븐이나 직화로 굽는 요리(특히, 큰 덩어리나 통째로 구울 때)에 씁니다.

fry eggs 계란 프라이를 하다 **fry onions** 양파를 볶다
fry fish 생선을 튀기다
grill sausages 소시지를 굽다
bake cookies 쿠키를 굽다 **toast bread** 빵을 굽다
roast a chicken 닭고기를 통째로 굽다

동사와 목적어의 Collocation

'가지다', '유지하다'는 어떻게 말할까?

have 외에도 '가지다'를 의미하는 동사가 있습니다. '유지하다'를 뜻하는 동사와 함께 살펴보며 이 둘의 차이점과 활용법에 관해 알아봅시다.

have(2)

(자신의 주변, 의식이나 관리하에) 가지다

㉮ — / ㉯ ~을 가지고 있다, ~을 받아들이다, ~을 경험하다

have는 소유의 유무와 상관없이 신체적인 범위뿐만 아니라 자신의 의식이나 관리하에 있는 것도 나타낼 수 있습니다. 사물 이외에도 생각, 고민, 자격, 특성 등을 대상으로도 쓸 수 있습니다. '가지고 있다'는 상태, '가지게 되다'라는 동작이나 활동을 표현하며, 상태를 나타낼 때는 상황에 따라 '~이 있다'라고 해석하는 것이 자연스럽습니다.

손에 들고 있다, 소유하고 있다 (상태)

I have a house / a car.
저는 집/차를 가지고 있어요.

I have a friend in Italy.
저는 이탈리아에 친구가 있어요.

I have a dog.
개 한 마리를 키우고 있어요.

I have an idea.
저한테 좋은 생각이 있어요.

I have a headache.
머리가 아프네요.

I have reasons to say so.
제가 그렇게 말하는 이유가 있어요.

성격, 재능 등을 갖추고 있다 (상태)

She has long hair / brown eyes.
그녀는 머리카락이 길어요. / 그녀의 눈은 갈색이에요.
She has skills / experience.
그녀에게는 기술/경험이 있어요.
She has patience / confidence.
그녀는 인내심/자신감이 있어요.
She has a good memory. 그녀는 기억력이 좋아요.

구성 요소로 갖추고 있다 (상태)

The house has two rooms. 그 집은 방이 두 개예요.
The garden has a pond. 정원에 연못이 있어요.

시간, 여유 등이 있다 (상태)

I have time. 전 시간이 있어요.
The plan has room for improvement.
그 계획엔 개선의 여지가 있어요.

경험하다 (동작, 활동)

I had a good time / a bad time.
좋은 시간/힘든 시간을 보냈어요.
Let's have fun. 즐겁게 보냅시다.
I had a good day / a busy day.
즐거운 하루/바쁜 하루를 보냈어요.
She had an accident. 그녀가 사고를 당했어요.

관용구

Thank you for having me. 초대해주셔서 감사합니다.
They have a lot in common. 그들은 공통점이 많아요.
I have a sweet tooth. 전 단것을 좋아해요.

hold

(어떤 상태를) 유지하다, 움직이지 않도록 붙잡고 있다

㉶ 유지하다, 버티다, 지속되다 / ㊋ ~을 가지고 있다, ~을 소유하다, ~수용하다, (회의 등을) 열다

손을 놓는 순간 움직이는 대상을 붙잡고 있거나 중력에 의해 아래로 떨어지지 않도록 들고 있을 때 hold를 씁니다. 재산이나 토지를 타인에게 뺏기지 않도록 지키는 행위, 활동을 보류하거나 행사를 여는 행위를 나타내기도 합니다.

물건을 들고 있다, 껴안다, 움직이지 않도록 붙잡고 있다

He is holding a bag. 그는 가방을 들고 있어요.

He held her hand. 그가 그녀의 손을 잡았어요.

She was holding her baby.
그녀는 아기를 안고 있었다.

He held a rope. 그는 밧줄을 잡고 있었다.

숨을 들이마신 채로 유지할 때 hold one's breath라고 말합니다. 밖으로 드러날 듯한 emotion(감정), tear(눈물)를 억누를 때는 control을 씁니다. control은 'counter(반대로)+roll(돌리다)'로 이루어진 단어로, '반대쪽으로 힘을 가해 제어하는' 이미지를 떠올리면 뜻을 이해하기 쉽습니다.

I can't control my emotions / tears.
내 감정/눈물을 억누를 수 없어요.

물건이나 신체의 일부 등을 어떤 상태로 두다

hold the door open 문을 열어 놓다
hold the elevator 엘리베이터를 잡고 있다
I can't hold my balance. 균형을 잃었어요.
Hold your breath. 숨을 참으세요.

재산, 주식, 학위 등을 소유하다, 보유하다

hold a record 기록을 보유하다
hold a position / a post 직위/직책을 맡다
hold a title 타이틀을 보유하다

회의·회담·축제 등을 열다, 개최하다, 행하다

hold a competition 대회를 열다
hold a ceremony 의식을 거행하다
hold a press conference 기자회견을 열다
hold a meeting / a party 회의/파티를 열다
hold a funeral 장례식을 하다
hold a festival 축제를 열다
hold a talk 대화를 하다

관용구

Hold on a moment. 잠시 기다리세요.
They **held up** shipment. 그들은 출하를 중단했어요.
We were **held up** in traffic. 우리는 교통 체증으로 꼼짝 못했어요.
The policemen **held** him **down**. 경찰들이 그를 제압했어요.
That subject was **held over** to the next meeting.
그 주제는 다음 회의로 미뤘어요.
The police managed to **hold** the crowd **back**.
경찰은 간신히 군중들을 저지했어요.
Hold your tongue! 조용히 하세요!
Hold it! 가만히 있어요!

keep

같은 상태나 위치를 유지하다

㉲ ~인 채로 있다, 계속 ~하다 / ㉳ ~을 유지하다, ~을 계속하다

keep의 원래 뜻은 '상태나 위치를 유지하다'입니다. '가지다', '가지고 있다'를 의미하는 keep은 '자기 안에 간직하다', 즉 타인이 소유하거나 사용할 수 없는 것을 대상으로 합니다. 순간적인 것이 아니라 일정 기간 유지한다는 뉘앙스를 풍깁니다.

유지하다, 보관하다, 수중에 가지고 있다

She always keeps the receipts.
그녀는 항상 영수증을 보관하고 있어요.

Keep the change.
잔돈은 가지세요.

가축을 기를 때는 keep을 쓰지만, 반려동물을 키울 때는 keep이 아니라 have로 표현합니다.

He keeps pigs / hens.
그는 돼지를/암탉을 키워요.

He has a cat.
그는 고양이를 키워요.

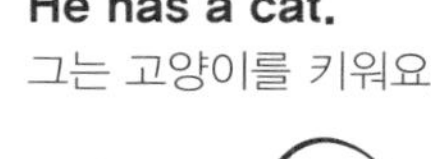

상태를 유지하다, 소유하다, 기르다

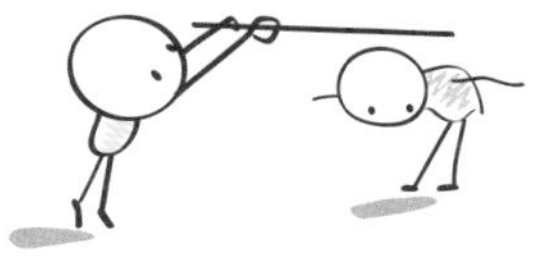

Keep quiet. 조용히 해주세요.

Keep going. 계속하세요.

She keeps house.
그녀는 집안일을 해요, 가정을 지키고 있어요.

keep a diary. 일기를 쓰다

SVOC형식으로 (12쪽 참고)

She kept the door open. 그녀는 문을 열어뒀어요.

Keep the room clean. 방을 깨끗하게 쓰세요.

Keep yourself warm. 몸을 따뜻하게 유지하세요.

I'll keep my fingers crossed. 행운을 빌게요.

놔두다, 보관하다, 붙들어두다

Please keep it in mind. 기억해두세요.

I won't keep you long. 시간을 많이 빼앗지는 않을게요.

Could you keep my baggage until five?
다섯 시까지 제 짐을 맡아주실 수 있나요?

비밀이나 약속을 지키다

I always keep a promise. 전 항상 약속을 지켜요.

You have to keep to the law. 당신은 법을 지켜야 합니다.

I'm trying to keep to schedule.
전 일정을 지키려고 노력해요.

관용구

keep in touch 연락하고 지내다

keep early hours 일찍 자고 일찍 일어나다

Keep your head. 진정하세요.

Keep an eye on him. 그를 잘 지켜보세요.

The heavy rain kept me from going out.
비가 많이 와서 나갈 수 없었어요.

carry(1)

무게를 떠받쳐 옮기다

㉶ 도달하다, 전달되다 / ㉻ ~을 가지고 다니다, ~을 옮기다

무게를 떠받쳐 옮긴다는 의미의 carry는 '떠받치다'에 초점을 맞추면 '가지다', '유지하다'와 관련된 뜻을 지니며, '옮기다'에 초점을 맞추면 '전달하다', '운송하다'라는 뜻이 됩니다. 비교적 가벼운 물건을 '들고 다니다'라는 의미도 있지요. '유지하다'는 무게를 '지탱하다', 추상적으로는 '책임을 지다'라는 뜻으로도 이어집니다.

가지고 다니다, 휴대하다

She is carrying a bag in her hand.
그녀는 손에 가방을 들고 있어요.

The man is carrying a gun / money.
그 남자는 총/돈을 갖고 다녀요.

I always carry a cell phone.
전 항상 핸드폰을 갖고 다녀요.

Be sure to carry your ID card.
신분증을 꼭 갖고 다니세요.

'옮기다'라는 의미로 쓰는 carry는 54쪽을 참고하세요.

상점이 (다양한 색이나 사이즈 등의) 상품을 갖추고 있다

That store carries food / computers.
저 가게는 음식/컴퓨터를 취급하고 있어요.

This shop carries a variety of sizes.
이 가게는 다양한 사이즈를 갖추고 있어요.

무게 등을 지탱하다

These columns carry the heavy roof.
이 기둥들은 무거운 지붕을 떠받치고 있어요.

The bridge carries a lot of traffic.
그 다리는 많은 교통량을 견디고 있어요.

He is carrying the team.
그는 팀을 지탱하고 있어요.

동반하다, (책임·짐 등을) 지다

He carries responsibility for this matter.
그는 이 문제에 대한 책임을 지고 있어요.

His plan carries a risk.
그의 계획은 위험성을 동반하고 있어요.

Don't carry the world upon your shoulders.
모든 문제를 떠맡으려고 하지 마세요.

관용구

He carried himself well. 그는 예의 있게 행동했어요.
He carried his weight well. 그는 자신의 역할을 충분히 했어요.

ONE-UP! 그 밖에 '가지다', '유지하다'를 표현하는 동사

● **have**는 소유권의 유무에 관계없이 '쓸 수 있는 상태에 있는 것'도 표현할 수 있습니다. 가령 레스토랑에서 다음과 같이 말할 수 있지요.

You can have this table. I'm leaving.
여기 앉으세요. 저는 나갈 거예요.

● 격식 있는 상황에서 쓰는 **possess**는 have로 바꿀 수도 있습니다. 특히 능력이나 권력, 가치 등을 '소유하다', '소지하다'를 의미합니다.

He possesses deep knowledge.
그는 깊이 있는 지식을 갖추고 있어요.
He possesses the ability to use English.
그는 영어를 할 줄 압니다.

● **own**은 법적 근거 등에 의해 소유권을 가지고 있음을 강조하는 표현입니다.

He owns a shoe shop.
그는 신발 가게를 소유하고 있어요.
He owns two cars.
그는 차 두 대를 갖고 있어요.

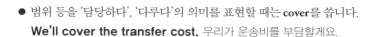

● 범위 등을 '담당하다', '다루다'의 의미를 표현할 때는 **cover**를 씁니다.

We'll cover the transfer cost. 우리가 운송비를 부담할게요.

● '견디다'는 **last**, 음식물 등을 먹을 수 있는 동안까지 '유지하다'를 뜻할 때는 **keep**으로 나타냅니다.

A stone house lasts long. 석조 가옥은 내구성이 뛰어나요.
This meat won't keep until tomorrow.
이 고기는 내일까지 못 갈 것 같아요.

동사와 목적어의 Collocation

'옮기다', '가져가다', '가져오다'는 어떻게 말할까?

앞에서 '가지다'를 의미하는 동사로 carry를 소개한 바 있습니다. 원래 뜻은 '옮기다'이지요. carry와 함께 bring, take도 살펴봅시다.

carry(2)

무게를 떠받쳐 옮기다

㉶ 닿다, 전달되다 / ㉺ ~을 가지고 다니다, ~을 옮기다

carry는 무게를 떠받쳐 옮긴다는 뜻으로 씁니다. bring이 '이동'에 초점을 맞추는 데 반해 carry는 이동보다 '옮기는 행위'에 초점을 맞추고 있습니다. 물건, 자신의 힘으로는 움직일 수 없는 사람뿐만 아니라 말, 질병, 전기 등을 대상으로도 쓸 수 있습니다.

사람·사물을 옮기다, 운송하다

I have to carry a suitcase / luggage.
전 여행 가방/짐을 옮겨야 해요.

The train carries containers.
기차가 컨테이너를 옮기고 있어요.

They carried the injured.
그들은 부상자를 옮겼어요.

She carried her baby on her back.
그녀는 등에 아이를 업고 다녀요.

The bus carried the tourists.
그 버스는 관광객들을 태우고 다녀요.

 '가지다'라는 의미로 쓰는 carry는 50쪽을 참고하세요.

말을 전하다

He carried the news to us.
그는 우리에게 뉴스를 알려줬어요.

The book carried the story.
책에서 그 이야기를 봤어요.

carry an announcement 성명을 발표하다

매개하다 (병 등을 전염시키다)

Rats carried the disease. 쥐는 병을 전염시켜요.

Bats carry the virus. 박쥐는 바이러스를 옮겨요.

He carries a virus.
그는 바이러스를 옮겨요. (= He is a virus carrier.)

관이나 선이 액체·전기 등을 나르다, 통하다

The wire carries telephone calls.
전화 통화가 선을 통해 전달돼요.

carry a message / a signal
메시지/신호를 전달되다

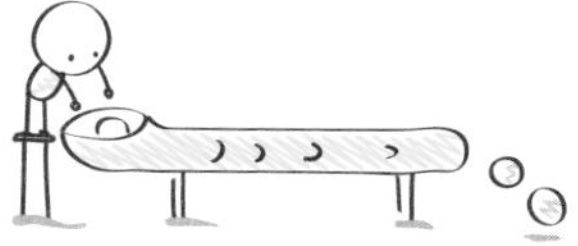

carry water / electricity
물/전기가 통하다

관용구

Just **carry on** with the meeting. 회의를 계속하세요.

She will **carry out** the plan. 그녀는 계획을 실행할 거예요.

The terms will **carry over** to next quarter.
그 조건은 다음 분기까지 이어질 거예요.

We'll do our best to **carry** the project **through**.
우리는 프로젝트는 완수하기 위해 최선을 다할 거예요.

Don't **get carried away**. 흥분하지 마세요.

Crows **carried off** the loose trash.
까마귀가 널브러진 쓰레기를 치웠어요.

bring

특정 장소까지 이동시키다

㉠ ― / ㉡ ~을 가져오다, ~을 초래하다

'옮기다'라는 의미에 초점을 맞춘 carry와 달리, 사람이나 물건을 '이동시키다'를 뜻하는 단어가 bring과 take입니다. bring은 현재 자신이 있는 장소 등 의식의 중심이 되는 장소를 도착점으로 삼아 거기까지 사람이나 사물을 이동시킨다는 말입니다. 이와 반대로 뒤에 나올 take(58쪽)는 의식의 중심이 되는 장소를 출발점으로 삼아 다른 장소로 이동시키는 행위를 나타냅니다.

물건을 가져오다, 사람을 데려오다

He brought some flowers. 그는 꽃을 가지고 왔어요.

The waiter brought the bill.
웨이터는 계산서를 가지고 왔어요.

I'll bring the car. 제가 차를 가지고 올게요.

Please bring your wife next time.
다음에는 부인도 모셔 오세요.

He brought up the subject at the meeting.
그는 회의 때 그 주제를 꺼냈어요.

get을 써서 '불러오다', '가져오다'를 표현할 수도 있습니다. (63쪽 참고)

Get someone from the office. 사무실에서 누군가 불러오세요.
I'll get a drink for you. 당신에게 드릴 음료를 가져올게요.

상황을 야기하다: 일이나 사건을 일으키다

The movie brought tears.
그 영화를 보고 눈물이 났어요.

Her smile brings happiness to me.
그녀의 미소를 보고 저도 기분이 좋아졌어요.

That brought the war to an end.
그것을 인해 전쟁이 끝났어요.

상황을 야기하다: 결과를 불러오다

Carelessness brings accidents.
부주의는 사고를 부릅니다.

bring peace / chaos
평화/혼란을 가져오다

A typhoon brought huge damage.
태풍 때문에 큰 피해를 봤어요.

기분·감정이 생기게 하다

What brought you to Japan? 왜 일본에 왔나요?

What brought you to write this book?
왜 이 책을 썼나요?

This brings us to the question.
이것이 우리에게 의문을 던져줬어요.

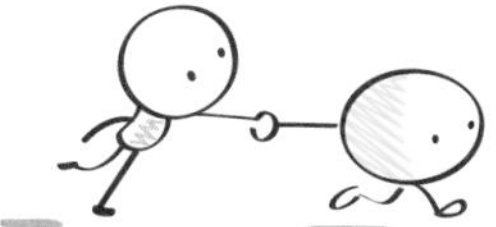

관용구

I **brought** the book **back** to the library. 도서관에 책을 반납했어요.

Poverty **brings about** many problems.
가난은 많은 문제를 일으키지요.

The artist **brought in** a new era.
그 예술가는 새로운 시대를 열었어요.

The incident **brought down** share prices.
그 사건은 주가를 하락시켰어요.

take(1)

손에 들고 옮기다, 데려가다

㉶ — / ㉟ ~을 가져가다, ~을 데려가다, ~을 옮기다, ~을 잡다

take는 '손으로 잡다'를 의미합니다. 상대방(목적어)의 손을 잡는 행위까지는 take로 표현하고, 그 뒤에 이동할 장소를 나타내는 어구(to ~ 등)를 붙이면 '데려가다'라는 뜻이 됩니다. 이런 기본 개념을 알고 있으면 take의 다양한 뜻을 이해하는 데 도움이 되겠지요.

bring이 특정한 곳에 도달하는 행위를 나타내는 반면, take는 특정한 곳에서 벗어나는 행위를 나타냅니다. bring은 보통 '가져오다', '데려오다'를, take는 '가져가다', '데려가다'를 의미합니다.

물건을 가져가다, 사람을 데려가다

I'll take her to the airport. 그녀를 공항까지 데리고 갈게요.
Take me out to the ballpark. 저를 야구장에 데려가주세요.
He took me home. 그는 나를 집에 데려갔어요.
I took him around the town. 저는 그에게 마을을 안내해줬어요.

 이동 방식을 표현하는 동사를 사용하여 다음과 같이 말할 수 있습니다.

He walked me home / to the station.
그는 저를 집/역까지 걸어서 바래다줬어요.
He showed me to the meeting room.
그는 저를 회의실로 안내했어요.

ONE-UP! 그 밖에 '옮기다', '가져가다'를 표현하는 동사

- **transport**는 '사람이나 탈것 등이 물건이나 승객 등을 운송하다'라는 뜻입니다.

The train transports goods and people from the port to the city.
기차는 항구에서 도시로 물자와 승객을 운송합니다.

- **convey**는 격식 있는 말투로 물건을 옮길 때 씁니다. 정보나 감정 등을 전할 때도 자주 쓰입니다.

Your luggage will be conveyed to your office.
짐은 당신의 사무실로 운반될 거예요.
The president conveyed the message to the employees.
사장은 종업원들에게 몇 가지 안건을 전했어요.

- 일이나 상황이 '진행되다'라는 말을 할 때는 **go**나 **proceed**를 씁니다.

Everything is going well.
모든 일이 순조로워요.
Things proceeded smoothly.
일이 순조롭게 진행 중이에요.

- 발걸음을 '옮길' 때는 **come**으로 나타냅니다.

Please come to my office someday.
언제 한번 제 사무실로 와주세요.

알아두면 쓸모 있는 영어 사전

동족목적어와 결과목적어

동족목적어

'말에서 낙마했다', '밤의 야경이 아름답다'라는 말은 약간 어색하게 들리지요. 영어에도 이런 표현이 있습니다. 하지만 영어에서는 올바른 표현이라는 점을 기억해두세요.

She smiled a friendly smile. 그녀는 친근하게 웃었어요.
He laughed a loud laugh. 그는 크게 웃었어요.
He lived a quiet life. 그는 조용히 살고 있어요.
My grandfather died a happy death.
할아버지는 행복한 죽음을 맞으셨어요.
I dreamed a strange dream. 저는 이상한 꿈을 꿨어요.
She sang a beautiful song. 그녀는 아름다운 노래를 불렀어요.
They danced a traditional dance. 그들은 전통 춤을 췄어요.

결과목적어

'감자를 캐다'는 감자에 구멍을 파는 것이 아니라 흙을 파헤쳐 감자를 얻는 행위를 뜻하지요. 영어로도 dig potatoes라고 말합니다. 지면을 파헤쳐 구멍을 만든다는 의미의 '구멍을 파다'는 영어로 dig a hole이라고 합니다. 물론 dig the ground처럼 파는 대상이 목적어가 되는 경우도 있습니다. 이처럼 행동의 결과가 목적어가 되는 경우를 '결과목적어'라고 말합니다.

이밖에도 흥미로운 목적어가 더 있습니다. erase the blackboard는 '칠판을 없애다'가 아니라 '칠판에 적인 글자나 그림을 지우다'의 의미이며, 'The kettle is boiling.'에서 끓는 것은 주전자가 아니라 '주전자 안에 있는 물'이지요. 어떤 언어에든 이론만으로는 이해하기 어려운 표현들이 있기 마련입니다.

동사와 목적어의 Collocation

'얻다', '잡다', '주다'는 어떻게 말할까?

'얻다', '잡다'를 나타내는 동사와 그와 반대로 '주다'를 의미하는 동사를 함께 알아보겠습니다.

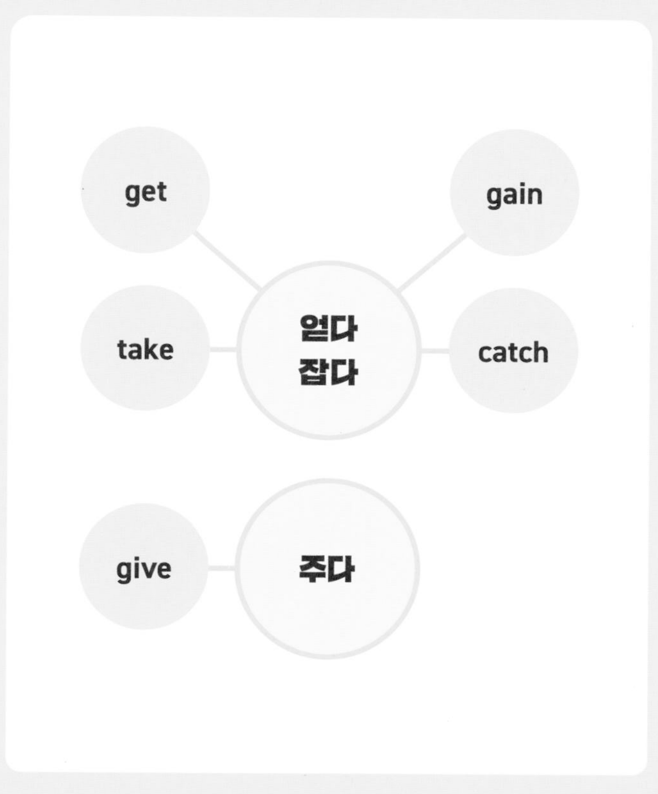

get(1)

소유하게 되다

㉶ 도착하다, ~하게 되다 / ㉷ ~을 손에 넣다, ~을 받다, ~을 하게 하다

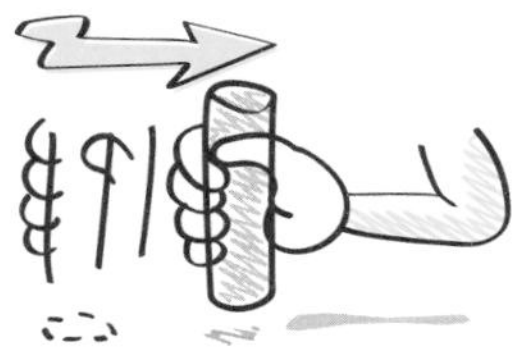

'얻다'를 뜻하는 get에는 노력하여 능동적으로 '소유하게 되다', '획득하다'라는 의미와 수동적으로 '받다'라는 의미가 있습니다. 또 buy와 같이 '사다'와 무료로 '받다' 모두 표현할 수 있습니다.

(능동적으로) 소유하게 되다, 손에 넣다

I'll get a ticket.
제가 표를 살게요.

I've got an idea.
아이디어가 떠올랐어요.

I need to get a job.
일자리를 구해야 해요.

He got a raise.
그의 월급이 올랐어요.

I got a discount.
가격 할인을 받았어요.

돈을 지불하고 손에 넣는 행위는 buy로도 표현할 수 있습니다. '보험에 들다'는 buy insurance라고 말합니다.

I bought traveler's insurance.
저는 여행자 보험에 들었어요.

(수동적으로) 오는 것을 받다

I got a call from him.
그의 전화를 받았어요.

I got (received) a letter.
편지를 받았어요.

I got advice from my boss.
상사에게서 조언을 들었어요.

I got a visit from my old friend.
오랜 친구가 찾아왔어요.

느낌을 받다, 충격 등을 받다

I got the impression that he was scared.
그가 두려워하는 인상을 받았어요.

get inspiration
영감을 받다

get a shot / an injection
주사를 맞다

가져오다, 데려오다

I'll get a drink.
제가 마실 것을 가져올게요.

He returned to his room to get a pen.
그는 펜을 가지러 그의 방으로 돌아갔어요.

I'll get a doctor / some help.
의사를 부를게요. / 도움을 청할게요.

잡다

The police got the suspect.
경찰이 용의자를 체포했어요.

She got him by the arm.
그녀는 그의 팔을 잡았어요.

이해하다

Don't get me wrong.
저를 오해하지 마세요.
Did you get it?
이해하셨나요?
I got you.
이해했어요.
I don't get that joke / the point.
전 그 농담/요점을 이해할 수 없어요.

이동시키다, ~한 상태로 만들다

I'll get him home.
제가 그를 집으로 데려갈게요.
I'll get him back to work.
제가 그를 자리로 돌려보낼게요.
He got the engine to start.
그는 엔진을 작동시켰어요.
He got his brother to clean the room.
그는 동생에게 방을 청소하게 했어요.

관용구

I **get along with** my co-workers. 저는 동료들과 **잘 지내요.**
Nets **keep** pests **from getting at** the garden.
그물은 해충이 정원에 들어오는 **것을 막아줘요.**
What are you **getting at?** 대체 무슨 **말씀을 하고 싶으신** 거예요?
Our parrot **got away.** 우리 앵무새가 **도망갔어요.**
I'll **get back to** you next week. 다음 주에 **다시 연락하겠습니다.**
Many people work two jobs to **get by.**
많은 사람이 **어떻게든 살아보려고** 투잡을 뛰고 있어요.

알아두면 쓸모 있는 영어사전

get의 의미

'이 문장에서 get은 어떤 의미일까?'라는 의문이 들면, 사전을 찾아보기 전에 문장의 구조를 먼저 확인해보세요. 목적어가 있는지 없는지를 살펴보면, 문장 속의 get이 자동사인지 타동사인지 알 수 있습니다. 목적어가 몇 개인지, 보어가 있는지를 확인하면, 문장의 형식을 파악할 수 있고요. 그 후에 사전을 보면 훨씬 효율적으로 공부할 수 있습니다. 이 방법은 get뿐만 아니라 여러 문장 형식에 쓰이는 다른 동사들을 유용합니다. 사전에는 문장 형식에 따른 사용법과 의미가 잘 정리되어 있으므로, 평소에 사전을 적절하게 이용하는 습관을 들입시다. 아래에 나오는 S, V, O, C 기호의 뜻에 관해서는 10쪽을 참고하세요.

● SV형식

I got to the station.
저는 역에 도착했어요.

● SVC형식

He got angry. 그는 화가 났어요.
Let's get started. 시작합시다.

● SVO형식

I'll get a ticket. 제가 표를 살게요.
I got him to clean the room.
그에게 방 청소를 하게 했어요.

● SVOO형식

I'll get you a drink.
제가 마실 것을 가져다 드릴게요.
I got him a job.
제가 그에게 일자리를 구해줬어요.

● SVOC형식

I got my car repaired. 차를 고쳤어요.
Don't get me wrong. 저를 오해하지 마세요.

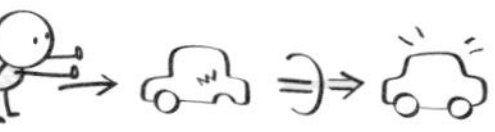

take(2)

(움직이지 않는 것을) 손에 넣다, 자기 의지로 자신의 것으로 삼다

㉮ ㅡ / ㉯ ~을 가져가다, ~을 데려가다, ~을 옮기다, ~을 잡다

take는 의지를 갖고 '자신의 것으로 삼다', '손에 넣다'라는 의미입니다. 우리말의 '취하다'와 비슷한 말로, '가지다', '선택하다', '찍다', '먹다' 등 다양한 뜻으로 쓰입니다.

손에 넣다, 사진을 찍다

He took her hand.
그는 그녀의 손을 잡았어요.

I took some photos.
전 사진을 찍었어요.

Is this seat taken?
여기 자리 있나요?

'데려가다', '가져가다'라는 의미로 쓰는 take는 58쪽을 참고하세요.

누군가가 보낸 것을 받다, 응하다

take a call / a message
전화/메시지를 받다

I'll take questions. 질문을 받을게요.
Do you take credit cards?
카드도 받으시나요?
I'll take responsibility.
제가 책임질게요.

(신중하게) 취하다, 받아들이다, 채용하다

I'll take it. 이걸로 할게요.
She'll take his advice.
그녀는 그의 조언을 들을 거예요.
Let's take a chance.
기회를 잡읍시다.
We need to take measures. 우리 대책을 세워야 해요.
Don't take a risk. 모험하지 마세요.
I'll take a neutral stance. 전 중립적인 입장을 취할게요.
We took the train to Osaka. 우리는 기차를 타고 오사카에 갔어요.

수업을 듣다, 시험을 치다

She took a Spanish course.
그녀는 스페인어 수업을 들었어요.

I took a written test. 필기시험을 쳤어요.
I'm taking my driving test tomorrow.
내일 운전면허시험을 칠 거예요.

시간이 걸리다, 필요로 하다

It takes two hours. 두 시간 걸려요.
It takes a lot of effort. 많은 노력이 필요해요.
It takes three people to move it. 그것을 움직이는 데 세 사람이 필요해요.

관용구

Take care packing the dishes.
그릇 포장에 **신경 써주세요.**

How many people will **take part in** the celebration?
기념식에 얼마나 많은 사람들이 **참석하나요?**

The event **takes place** in summer.
그 행사는 여름에 **열려요.**

The new law will **take effect** January 1st.
새로운 법이 1월 1일부터 **시행돼요.**

They **take turns** cooking.
그들은 **돌아가며** 요리를 해요.

She **took pains** to explain.
그녀는 설명하느라 **고생했어요.**

I want you to **take the lead** in the meeting.
당신이 회의를 **주도했으면** 좋겠어요.

Taking the initiative is a valuable skill.
선수를 치는 것이 효과적인 기술이죠.

Take advantage of any opportunities to learn.
어떤 것이든 배움의 기회를 **이용하세요.**

We have to **take** everyone's opinion **into account.**
우리는 모든 사람의 의견을 **고려해야** 해요.
= take into account everyone's opinion

gain

(노력한 끝에) 손에 넣다, (서서히) 얻게 되다

㉶ 얻게 되다, 증가하다 / ㉸ ~을 얻다, ~을 획득하다

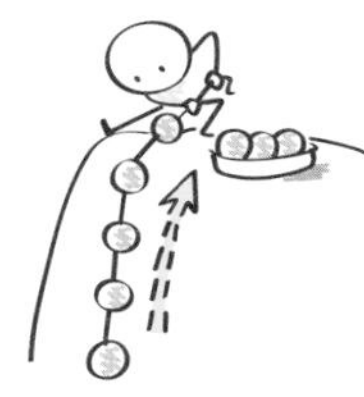

gain은 중요하거나 가치 있는 대상을 얻기 위해 노력하는 과정에 초점을 맞춘 말로, '필요한 것을 얻게 되다'라는 의미입니다. 없던 것을 얻을 때뿐만 아니라 이미 가지고 있는 것을 늘리는 경우에도 쓸 수 있습니다. 경쟁에서 승리를 쟁취한다는 뜻도 있습니다.

얻다, 벌다

gain knowledge
지식을 얻다

gain approval
승인을 받다

gain a good reputation for
~에 대한 좋은 평판을 얻다

정도를 늘리다

gain weight / speed
중량/속도를 늘리다

gain strength
힘을 늘리다

gain experience
경험을 얻다

catch

움직이는 대상을 (순간적으로) 잡다

㉶ 걸리다, (불 등이) 붙다 / ㉾ ~을 잡다, ~을 파악하다

움직이고 있거나 곧 움직일 것 같은 대상을 잡거나 받는 행위를 나타냅니다. 재빠른 동물, 바쁜 사람, 지하철 등을 잡거나 사람의 말을 이해하는 의도적 행위 외에도 감기와 같이 의도치 않게 얻게 되는 것도 catch로 표현할 수 있습니다.

도망치는 것을 붙잡다, 시간에 맞추다

The boy caught a fish.

소년은 고기를 잡았어요.

I can't catch the manager.

매니저를 붙잡을 수 없어요.

I managed to catch the train.

간신히 기차를 잡았어요.

(시선·마음·상상력 등을) 끌다, 사로잡다

catch attention

주의를 끌다

The article caught my eye.

그 기사가 내 시선을 끌었어요.

I caught a glimpse through the window.

창문을 통해 얼핏 봤어요.

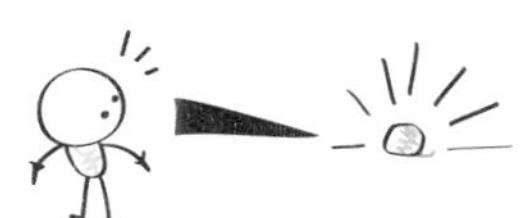

지각적 관점에서: 말 등을 알아듣다, 이해하다, 목격하다

I didn't catch her name.

그녀의 이름을 못 알아들었어요.

I couldn't catch what he said.

그가 하는 말을 알아들 수 없었어요.

I couldn't catch every word he spoke.

그의 말을 하나도 알아들을 수 없었어요.

의도하지 않고 잡다

He caught a cold / disease.

그는 감기/병에 걸렸어요.

The curtain caught fire. 커튼에 불이 붙었어요.

걸다, 끼우다

I caught my dress on a nail.

옷이 못에 걸렸어요.

I caught my fingers in the door.

문에 손가락이 끼었어요.

A kite caught in a tree.ⓙ

연이 나무에 걸렸어요.

관용구

We have to **catch up with** our competitors.

우리는 경쟁자들을 **따라잡아야** 해요.

I use lunch break to **catch up** on emails.

전 점심시간에 밀린 이메일을 **처리해요.**

He didn't understand at first, but then he **caught on.**

그는 처음에는 이해하지 못했지만, 곧 **이해했어요.**

The country was **caught in** an economic crisis.

나라는 경제 위기에 **빠졌어요.**

Catch you later at the bar. 바에서 **나중에 또 만나요.**

ONE-UP! 그 밖에 '얻다', '잡다'를 표현하는 동사

- **obtain**은 get보다 딱딱한 인상을 풍깁니다. 특히 자신의 노력으로 고생하여 뭔가를 이뤄내는 행위를 뜻합니다.

Our aim is to obtain a better position.
우리의 목표는 더 나은 입장을 손에 넣는 것이에요.
obtain information
정보를 얻다
obtain permission / approval
허가/승인을 받다
obtain a master's degree
석사 학위를 받다

- **acquire** 역시 딱딱한 어감을 풍기며, 노력하여 지식이나 평판을 서서히 얻는 행위를 나타냅니다.

I acquired a lot of knowledge.
전 많은 지식을 얻었어요.
acquire information 정보를 얻다
acquire knowledge 지식을 얻다
acquire a high reputation
높은 평판을 얻다

- **win**은 노력과 능력으로 지지, 신용, 애정 등을 얻는 행위를 뜻하며, '이기다'라는 의미의 win과 마찬가지로 목적어로 적이 아니라 얻게 된 대상을 씁니다. 따라서 win friends는 '친구를 이기다'가 아니라 '동료를 얻다'라는 뜻이 되지요.

I won their support.
그들의 지원을 얻었어요.
win friends
동료를 얻다

● '발견하다'를 뜻하는 **find**도 쓸 수 있습니다.

I've found a clue.
단서를 찾았어요.

● 놓치지 않기 위해 잡거나 쥐는 행위는 **hold**로 표현합니다. (46쪽 참고)

She held his hand.
그녀는 그의 손을 잡았어요.

He held the handrail firmly.
그는 난간을 꽉 잡았어요.

give(2)

유형이나 무형의 대상을 유상 혹은 무상으로 주다

㉮ 기증하다, 양보하다 / ㉯ ~을 주다, ~을 건네다, ~을 가져다주다

자신의 것을 내놓다, 즉 '주다'를 의미하는 단어지요. 주는 것이 유형인지 무형인지 혹은 그 방식이 유상인지 무상인지는 상관없습니다. '굽히다', '양보하다'라는 뜻도 있으며, 소유권은 넘기지 않고 짐을 맡기거나 소금 등을 건네줄 때도 쓸 수 있습니다.

주다, 보내다

Guests at a US wedding usually give a gift.
미국의 결혼식에서는 손님들이 보통 선물을 줘요.

Guests at a Korean wedding usually give money.
대한민국의 결혼식에서는 손님들이 보통 돈을 줘요.

Give the team some time.
그 팀에게 시간을 주세요.

Give power to the people.
사람들에게 힘을 주세요.

give permission / a chance
허가/기회를 주다

건네다, 일시적으로 맡기다, 위탁하다

I gave my coat / my luggage to the hotel clerk.

저는 호텔 직원에게 코트/짐을 맡겼어요.

Please give me the salt.

소금 좀 주세요.

I gave a hand to the boy.

그 소년에게 도움을 줬어요.

보이다, 내밀다: 전하다, 말하다, 주다

give my name / my phone number

이름/전화번호를 알려주다

give advice / notice / a warning

조언/공지/경고를 하다

give a direction / a signal

지시를 내리다/신호를 보내다

give an answer / an opinion / a reason 답/의견/이유를 말하다

give details 상세히 설명하다

give an example / a clue / a hint 예시/단서/힌트를 주다

발생시키다

give an impression

인상을 주다

She gave me a surprise.

그녀는 나를 놀라게 했어요.

He gives me a hard time / gives me a headache.

그는 나를 힘들게/머리 아프게 해요.

양보하다, 기증하다

His car gave way to the ambulance.

그의 차는 구급차에 길을 양보했어요.

She gave away the supplies she wasn't using.

그녀는 쓰지 않는 물품을 기증했어요.

관용구

give up

up에는 '내보내서 허공에 띄우다'라는 의미가 있습니다. (294쪽 참고) 그래서 '그만두다', '포기하다'라는 뜻이 되었지요. give의 '주다', '기증하다'라는 뜻과 연결하여 생각하면, '내줘서 허공(아무도 소유하지 않은 상태)에 띄우다' 즉 '자리를 양보하다'라는 의미도 유추할 수 있습니다.

Keep trying, don't **give up.**
계속 노력하세요. 포기하지 마세요.

The girl **gave up** her seat to an old lady.
그 소녀는 노부인에게 자리를 양보했어요.

give way

말 그대로 '길을 내주다'라는 뜻에서 '양보하다', '감정에 굴하다'라는 의미로도 쓰입니다.

He **gave way to** her in everything.
그는 무슨 일이든 그녀에게 양보했어요.

He **gave way to** his anger. 그는 화를 억누르지 못했어요.

give in

'내주다'를 뜻하는 give와 '안에'를 뜻하는 in이 함께 쓰여 '굴복하여 받아들이다'라는 의미가 됩니다. 목적어 없이 자동사처럼 쓰이지만, 의미상으로는 give oneself in의 oneself가 생략된 형태라고 볼 수 있습니다.

He **gave in** to temptation. 그는 유혹에 굴복했어요.

give back to

I need to **give** this book **back to** my teacher.
저는 이 책을 선생님께 돌려드려야 해요.
= I need to give back this book to my teacher.

give out

'완전히'를 나타내는 out과 함께 쓰여 '바닥이 나다'를 의미합니다. 자동사처럼 쓰이지요. out에는 '밖에'라는 뜻도 있으므로, '~을 나눠주다', '(소리, 냄새 등을) 발하다'로 해석되기도 합니다.

They **gave out** free samples. 그들은 무료 견본품을 나눠줬어요.

알아두면 쓸모 있는 영 어 사 전

사역동사의 사용법

SVOC형식으로 'O(목적어)에 C(보어)를 하도록 V(동사)하게 하다'라는 의미를 만드는 사역동사가 있습니다. 우리말로는 모두 '~하게 하다'로 해석되기 때문에 각 동사의 원뜻을 생각하며 살펴봅시다.

have는 '자신의 관리하에 있다'를 뜻하는 have의 의미(44쪽 참고)와 관련 지어 생각하면, 동작 주체의 '재량이나 권한으로 하게 하다'로 이해할 수 있습니다. 예를 들어, 자신의 부하직원에게 일을 시키거나 요금을 지불하고 일을 시키는 등 해야 할 책임이 있는 사람에게 일을 시키는 것을 뜻하지요.

I had the mechanic fix the engine.
저는 정비사에게 엔진을 고치게 했어요.

make는 '노력하여 만들어내다'라는 뜻입니다. 다시 말해 목적어에 해당하는 사람에게 강요하여 뭔가를 시키는 것을 의미합니다. 무리한 요구나 본인의 의사에 반하는 일을 하게 할 때도 쓸 수 있습니다.

My sister made me clean her room.
언니는 저에게 자신의 방을 청소하게 했어요.

let은 이 책에서는 설명하지 않았지만, '허락하다'를 말합니다. 따라서 목적어인 사람이 하고 싶어 하는 일을 '하게 해주다'를 뜻하지요.

Her mother let her go to the party.
그녀의 어머니는 그녀가 파티에 갈 수 있도록 허락해줬어요.

get은 다른 동사와 달리 'get+목적어+to do'의 형태로 씁니다. get은 '소유하게 되다', '잡다'를 의미하므로, '마음을 잡다'라고 생각하면 이해하기 쉽습니다. 목적어의 마음을 잡아 받아들이게 하여 행동을 시키는 것을 뜻합니다.

I got my sister to help me out. 저는 언니에게 도움을 받았어요.

ONE-UP! 그 밖에 '주다'를 표현하는 동사

- **present**는 give보다 딱딱한 말로, 공식적인 자리에서 뭔가를 주는 행위를 나타냅니다. give처럼 SVOO형식으로는 쓰지 않으며, SVO형식으로 물건 앞에 with를 씁니다.

  The school presented her with an award.
  학교는 그녀에게 상을 수여했어요.

- **provide** 역시 give보다 딱딱한 느낌을 줍니다. 필요한 것을 제공한다는 뜻이지요. SVOO형식으로는 쓰지 않으며, 전치사 with를 씁니다. 경우에 따라 with가 생략될 수 있습니다.

  The store provides customers (with) good service.
  그 가게는 손님들에게 좋은 서비스를 제공해요.

- **supply**는 provide와 동일하지만, 특히 일정 기간 동안 부족하지 않게 충분히 제공하는 것을 뜻합니다.

  supply children with food ≒ supply food to [for] children
  아이들에게 음식을 공급하다

- **offer**는 상대방이 필요로 하는 기회(opportunity), 정보(information), 지원(support, help), 충고(advice) 등을 준다는 뜻입니다.

  They started offering a new service.
  그들은 새로운 서비스를 제공하기 시작했어요.

- '피해를 주다'는 **cause damage**(피해를 일으키다)로 쓰며, give damage라고 하지 않습니다.

  He caused a lot of damage to the house.
  그는 집에 큰 피해를 줬어요.

- 영향이나 인상(impression, influence, impact)을 주는 경우는 **have**나 **make**를 씁니다.

  She made a good impression on the judges.
  그녀는 심사원들에게 좋은 인상을 줬어요.

동사의 Collocation

'오다', '가다'는 어떻게 말할까?

go나 come은 매우 익숙한 동사이지만, 쓰임에 관해서는 우리말과 약간 차이가 있습니다. 또한 뜻은 비슷하지만 조금 더 이해하기 어려운 leave도 함께 살펴보도록 하겠습니다.

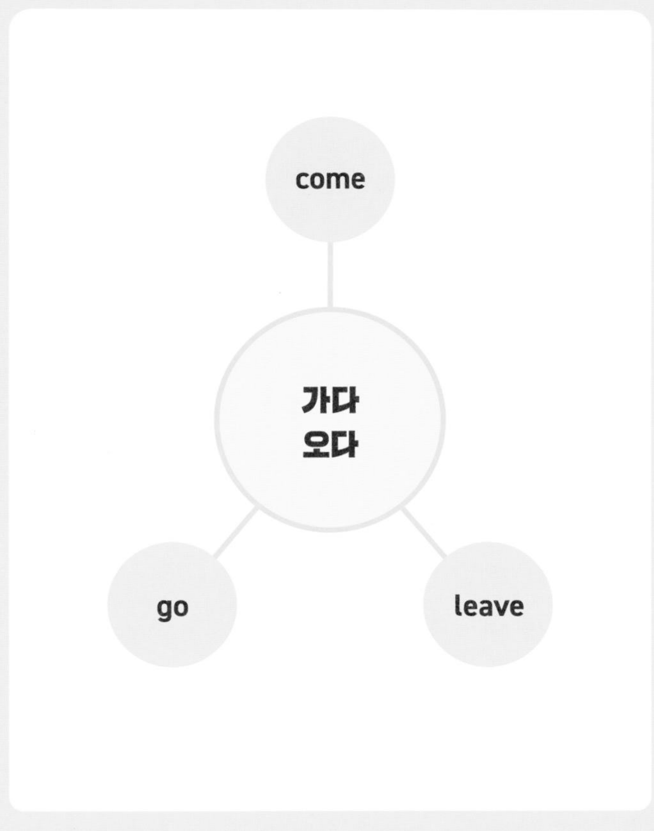

come(1)

(말하는 사람·화제의 장소 쪽으로) 오다

㉶ 오다, 가다, 손에 넣다

말하는 사람이 있는 곳으로 '오는 동작'을 가리키는 말입니다. 또 지금부터 갈 곳, 즉 말하는 사람의 의식이 있는 곳으로 가는 경우에도 쓸 수 있습니다. 우리말로도 결석한 친구에게 "내일은 학교 올 거야?"라고 물어봅니다. 이는 말하는 사람의 의식이 '학교'에 있기 때문입니다. come 역시 이와 비슷합니다. '지금 갈게요'를 'I'm coming.'으로 말한다는 사실은 잘 알고 있겠지요. 의식이 있는 장소, 이 경우에는 '상대방이 있는 장소'가 도달점이 됩니다. 따라서 'I'm going.'이라고 하면, '지금 있는 장소에서 멀어지다'라는 의미에만 그쳐 '도달'의 느낌이 약해집니다. 또 come 뒤에 동사에 ing를 더해 이동하는 '모습'을 표현할 수도 있습니다.

오다, 도착하다, 닿다

Please come closer. 더 가까이 오세요.
He comes from France. 그는 프랑스 출신이에요.
Here comes the train. 열차가 들어옵니다.
May I come in? 들어가도 될까요?

시기·기후 등이 오다, 도래하다

Your chance will come. 당신의 기회가 올 거예요.
Christmas has come. 크리스마스가 왔어요.

~하면서 오다 (모습, 상황)

He came running / walking.
그는 달려서/걸어서 왔어요.
He came dancing / singing.
그는 춤추면서/노래하면서 왔어요.

~하러 오다 (목적)

come and do, come do, come ~ing
Come and see me.(= Come see me.)
놀러 오세요.
I'll come and pick you up.
제가 가서 당신을 태워줄게요.
I'll come shopping with you.
당신과 함께 쇼핑하러 갈 거예요.

상품이 들어오다, 팔리고 있다

The shirt comes in different colors.
그 셔츠는 다양한 색상으로 들어와요.
The skirt comes in many sizes.
그 치마는 여러 사이즈로 들어와요.
The sandwich comes with salad.
샌드위치는 샐러드와 같이 나와요.

관용구

A stranger **came up** and talked to me.
낯선 사람이 나타나 저에게 말을 걸었어요.
I **came up with** a good idea. 좋은 생각이 떠올랐어요.
Come on in. 들어오세요.
Quality **comes first.** 품질이 우선이지요.
We have to line up; **first come, first served.**
우리는 줄을 서야 해요. 선착순이거든요.

go(1)

그 장소에서 멀어지다

㉶ 가다(그 장소에서 멀어지다), 진행하다

come이 '도달'을 암시하는 데 반해 go 자체는 기점에서 멀어지는 행위나 진행만을 뜻하며, '도달'을 의미하지는 않습니다. 다만 도달 장소를 나타내는 어구를 동반하면 '~에 가다'라는 뜻이 되지요. go 뒤에 모양을 표현하는 동사에 ing를 붙이면, come과 마찬가지로 이동하는 '모습'을 표현할 수 있습니다. 이때 해석은 '~하면서 가다'가 되겠지요. for를 써서 '목적'을 나타낼 수 있으며, ing를 붙여 도착지에서 즐기는 여가 활동을 나타낼 수도 있습니다.

그 장소에서 사라지다, 멀어지다

Let's go. 갑시다.
I have to go. 저는 가야 해요.
Winter's gone. 겨울이 갔어요.
He's gone. 그가 떠났어요.

(장소를 나타내는 어구를 동반하여) 가다

I go to school every day. 저는 매일 학교에 가요.
I want to go home. 집에 가고 싶어요.

'가다'를 표현하는 말에는 get to도 있습니다. go to가 '가는' 행위 전체를 가리키는 반면, get to는 도달하기까지의 '경로·수단'에 초점을 맞추고 있습니다. 따라서 가는 방법을 물을 때는 get to를 씁니다.

Do you know how to get to the station?
역까지 어떻게 가는지 아세요?

~하면서 가다 (모습)

He went running. 그는 달려갔어요.

He went flying back home.
그는 서둘러 집에 갔어요.

They went singing.
그들은 노래하면서 갔어요.

~하러 가다 (목적)

Let's go for a swim / a walk.
수영하러/산책하러 갑시다.

They went on a date / a picnic.
그들은 데이트/소풍 갔어요.

I went swimming / fishing.
저는 수영/낚시하러 갔어요.

진행하다, 진전하다

Everything went smoothly.
모든 일이 순조롭게 진행됐어요.

How are things going?
어떻게 지내세요?

Go ahead with the plan.*
계획을 진행하세요.

They went on with the game.*
그들은 시합을 계속했어요.

*'~을 진행시키다'의 의미로 쓸 때, 진행시키는 대상 앞에는 with를 붙입니다.

관용구

I asked them to **go away.**
저는 그들에게 비켜달라고 부탁했어요.

He **went after** his son.
그는 아들 뒤를 쫓았어요.

Go for it. 힘내세요.

leave

대상(장소, 사물, 사람)에서 멀어지다

㉠ 출발하다 / ㉡ ~을 떠나다, ~을 내버려 두다, ~을 남겨 두다

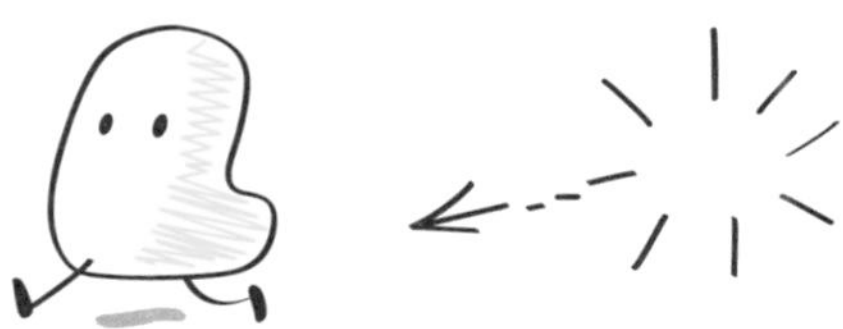

해석이 다양해서 영어에 익숙하지 않은 사람들이 이미지를 쉽게 파악하지 못하는 동사입니다. 대상을 잡거나 가지지 않고 '멀어지는 행위'를 나타냅니다. 대상이 집처럼 크면 '떠나다', '출발하다'라는 뜻이 되고, 가방처럼 작으면 '두고 가다'의 뜻이 되지요. 대상이 물건인 경우 잊어버리고 가는 행동, 의도적으로 두고 가는 행동 모두 표현할 수 있습니다. 또 특정 상태를 그대로 내버려 두는 행위에도 leave를 씁니다.

장소에서 물러나다, 출발하다

The train left the station.
기차가 역에서 출발했어요.
I left home early today.
저는 오늘 일찍 집을 나섰어요.
We left Osaka for Tokyo.*
우리는 도쿄를 향해 오사카에서 출발했어요.

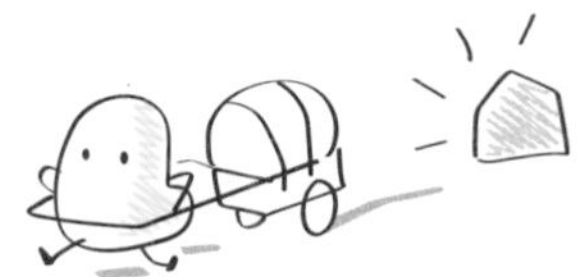

*출발지에 초점을 두었기에, 행선지 앞에 붙는 전치사는 도달을 나타내는 to가 아니라 방향을 나타내는 for를 씁니다.

영구적으로 멀어지다, 나가다, 탈퇴하다

He left university. 그는 대학을 그만뒀어요.
He wants to leave the business. 그는 사업을 그만두고 싶어 해요.
She left the country. 그녀는 그 나라를 떠났어요.

물건을 두고 잊어버리다, 사람을 남겨 두고 가다

He left his bag at home.
그는 가방을 집에 두고 갔어요.
I left my umbrella on the bus.
우산을 버스에 두고 내렸어요.

남기다, 두고 가다

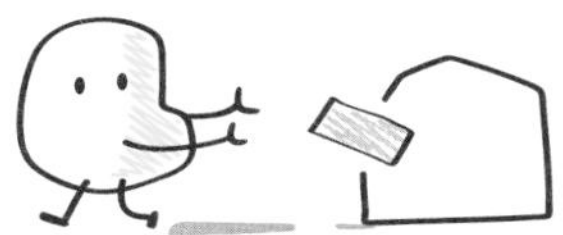

She left a message.
그녀는 메시지를 남겼어요.
Leave your coat here.
코트는 여기 두세요.
She left her son in Osaka.
그녀는 아들을 오사카에 두고 왔어요.
He left a lot of money to his son.
그는 거금을 아들에게 남겼어요.

사람이나 물건을 놔두다, 상태를 그대로 내버려 두다

Please leave the door open. 문을 열어둔 채로 놔두세요.
Leave me alone.
저를 혼자 있게 해주세요.
Leave it to me.*
그건 저에게 맡기세요.
Let's leave it aside.
그것은 보류합시다.

*맡기는 상대에게 넘기는 것이므로 도달을 나타내는 전치사 to가 붙습니다.

관용구

Don't **leave the door open.** 문을 열어두지 마세요.
We'll **leave the door open** for other proposals.
우리는 다른 제안에 대한 가능성을 남겨둘 거예요.
(* leave the door open은 이처럼 비유적으로도 씁니다.)

ONE-UP! 그 밖에 '가다'를 표현하는 동사

- **visit**도 '가다'를 나타냅니다. 보통은 타동사로 쓰지요. 어원은 'vis+it'로 이루어져 있으며, it은 exit, circuit의 it으로 '가다'를 의미합니다. vis는 visual의 vis로, '보다'를 뜻하지요. 즉 visit에는 '가다'에 '보다'라는 의미가 들어 있습니다. 따라서 '방문하다'라고 해석되며, 구체적으로 visit the town과 같이 장소를 목적어로 쓰는 경우에는 그 장소를 구경하거나 산책하는 것을 나타냅니다. 목적어 자리에 사람을 쓰면, 만나서 이야기하는 행동을 포함합니다.

I visited Tokyo last month.
저는 지난달에 도쿄를 방문했어요. (→ 장소)
I visited the museum.
저는 박물관에 갔어요. (→ 견학)
I visited my grandmother.
저는 할머니께 갔어요. (→ 만남)

- 짧은 방문, 특히 격식을 차리는 상황에서는 **call on**과 **call at**으로 표현합니다. call on 뒤에는 사람, call at 뒤에는 장소를 씁니다.

I called on Mr. Suzuki.
저는 Suzuki 씨(사람)를 방문했어요.
I called at Mr. Suzuki's house.
저는 Suzuki 씨의 집(장소)을 방문했어요.

- 하나의 동사로 이동 수단을 포함하여 이동하는 행위를 나타낼 수 있는 동사가 있습니다. 예를 들어 **drive**는 '차로 이동하다'라는 뜻이지요.

They drove to the seaside. 그들은 차를 타고 해변으로 갔어요.

- **fly**는 '비행기로 가다' 이외에 '날아가듯이 서둘러 가다'라는 뜻으로도 씁니다.

I flew from Narita to Paris.
저는 비행기를 타고 나리타에서 파리로 갔어요.
He flew across the street.
그는 서둘러 길을 건넜어요.

동사와 목적어의 Collocation

'말하다', '부르다'는 어떻게 말할까?

'말하다', '이야기하다'와 비슷한 뜻을 가진 동사가 여러 개 있지요. 그래서 대화를 하다 보면, 어떤 단어를 써야 할지 헷갈릴 때도 있습니다. 또 '목소리를 내다'라는 원뜻을 가지고 있는 call도 함께 알아보겠습니다.

speak

소리 내어 말하다

㉶ 이야기하다, 말하다 / ㊕ ~을 말하다, ~을 나타내다

의미 있는 내용을 소리 내어 말하는 행위를 speak로 표현합니다. 타동사로는 언어를 말하거나 생각한 내용을 설명하는 동작을 나타내지요. 목적어 없이 쓰는 자동사로는 '이야기하다', '소리 내다'를 의미하며, 모습을 표현하는 어구를 붙일 수도 있습니다. talk처럼 대화 상대가 있다는 점에 초점을 맞춘 말이 아니므로, 집단에 향해서 말하는 상황에는 talk보다 speak를 더 많이 씁니다.

언어를 말하다, 말하는 능력이 있다 ㊕

He speaks good English.

그는 영어를 잘해요.

She speaks two languages.

그녀는 2개 국어를 해요.

목소리를 내다 ㊆

I was so tired so I couldn't speak.
저는 너무 지쳐서 말할 수 없었어요.

Speak out at a meeting.
회의에서는 확실하게 말하세요.

Could you speak up?
더 크게 말해주시겠어요?

사람에게 말하다, 말을 걸다 ㊆

Can I speak to Mr. June?
준 씨와 이야기할 수 있을까요?

I spoke with your son.
당신의 아들과 이야기를 나눴어요.

Please don't speak to me right now.
지금 저에게 말 걸지 말아주세요.

~에 대해 말하다, 연설하다 ㊆

He spoke of his career.*
그는 자신의 경력에 대해 말했어요.

He spoke about his experience.*
그는 경험에 대해 말했어요.

I'm not good at speaking in public.
저는 사람들 앞에서는 말을 잘하지 못해요.

*of와 about의 차이에 관해서는 269쪽을 참고하세요.

관용구

Honestly speaking, I'd rather not work with that person.
솔직히 말하면, 그 사람과 함께 일하고 싶지 않아요.

You shouldn't **speak ill of** your coworkers.
당신은 동료들을 나쁘게 말하면 안 돼요.

He always **speaks well of** you.
그는 항상 당신에 대해 좋게 말해요.

talk

서로 이야기를 주고받다

㉣ 이야기하다, 말하다

서로 이야기를 주고받는 행위나 그 이야기를 talk라고 합니다. 말하는 행위 자체에 초점을 두는 말로, 상대방에게 주는 영향이나 내용을 표현하는 목적어를 쓰지 않고 주로 자동사로 사용합니다. 말하는 내용이나 상대방을 나타내기 위한 전치사구, 모양을 나타내는 부사와 함께 쓰는 경우가 많습니다.

이야기하다, 화제에 관해 타인과 말하다

You talk too much.
당신은 말이 너무 많아요.

Talk to you later.
나중에 이야기해요.

She talked and talked.
그녀는 계속 말했어요.

What are you talking about?
무슨 이야기를 하시는 거예요?

(심각·중요한 일)에 대해 이야기를 나누다, 상담하다

Let's talk about it.
그것에 대해 이야기해봅시다.

I'd like to talk about my country.
저의 조국에 대해 이야기하고 싶어요.

I'll talk with my wife.
아내와 이야기해볼게요.

아기·새·기계 등이 말하다

This toy talks.
이 장난감은 말을 해요.

When do babies start to talk?
아기들은 언제 말하기 시작하나요?

His parrot can talk.
그의 앵무새는 말할 수 있어요.

구슬려서 ~하게 하다

I talked him into going home.㉵
저는 그를 설득해서 집에 돌아가게 했어요.

The store clerk talked me into buying this dress.
가게 점원이 저를 구슬려서 이 옷을 사게 했어요.

I talked her out of leaving the company.㉵
저는 그녀를 설득해서 퇴사하는 것을 말렸어요.

관용구

We don't dare **talk back** to our parents.
우리는 감히 부모님께 **말대답을 할** 수 없어요.

I'll **talk** the matter **over** with my wife.
저는 아내와 그 문제에 관해 **이야기해볼** 거예요.

tell

말로 상대방에게 내용을 전달하다

㉺ ~을 말하다, ~을 알리다, ~을 가르쳐주다

speak나 say는 상대방이 없어도 쓸 수 있지만, tell은 상대방이 없으면 쓸 수 없습니다. 내용을 전달하는 행위에 초점이 있으므로, 전하는 내용과 상대방을 목적어로 삼는 타동사입니다. 두 개의 목적어(누구에게, 무엇을)를 써서 SVOO 형식을 만들 수 있습니다.

말로 전하다

She told a story / a lie / a secret.
그녀는 이야기/거짓말/비밀을 말했어요.

He told me that he would come.
그는 저에게 올 거라고 말했어요.

Tell me what I should do.
제가 무엇을 해야 할지 말해주세요.

Tell me the truth / the reason.
사실/이유를 말해주세요.

Please tell me your name.
당신의 이름을 말해주세요.

Tell me about yourself.
당신에 대해 알려주세요.

명령하다

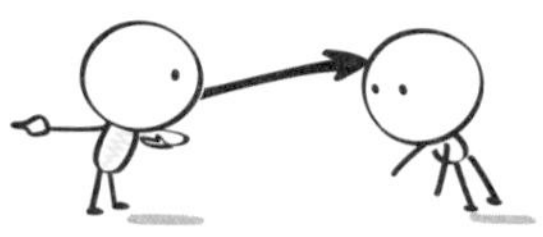

Please tell him to come.
그에게 오라고 말해주세요.

Your mother told me to drive you home.
당신의 어머니께서 저에게 당신을 집까지 차로 데려다주라고 말씀하셨어요.

나타내다, 이야기하다

The evidence tells us a lot.
증거가 우리에게 많은 것을 말해줘요.

My instinct tells me that he is innocent.
그가 무고하다는 직감이 들었어요.

분별하다, 알다

I can't tell the difference.
차이점을 모르겠어요.

No one can tell the future.
미래는 아무도 알 수 없어요.

관용구

I'm telling you, it's your job. 말해두지만, 그건 당신의 일이에요.

To tell you the truth, 사실대로 말하면,

Tell me, 저, 있잖아요.

say

말 혹은 문자로 내용을 말하다

㉶ 이야기하다 / ㉷ ~을 말하다, ~을 주장하다

say는 '말로 이야기하다'라는 뜻으로, 말하는 내용에 초점을 둡니다. 주로 타동사로 쓰며, 실제로 내뱉는 말이나 내용이 목적어가 되지요.

말하다 (발화 내용을 그대로 목적어로 쓰는 경우)

He said that he was busy.
그는 바쁘다고 말했어요.

He said, "I'm busy."
그는 "제가 바빠요"라고 말했어요.

She said, "Thank you."
그녀는 "고마워요"라고 말했어요.

 발언의 종류나 항목은 say의 목적어로 쓰지 않습니다.

× say the reason / say a lie
○ tell me the reason / tell a lie
나에게 이유를 말하다/거짓말하다

말하다 (대상이나 내용을 목적어로 쓰는 경우)

I want to say something.
하고 싶은 말이 있어요.

She said so.
그녀는 그렇게 말했어요.

He didn't say a word.
그는 아무 말도 하지 않았어요.

He doesn't say what he wants.
그는 무엇을 원하는지 말하지 않아요.

정해진 어구를 말하다

Please say hello to your wife.
당신의 부인께 안부를 전해주세요.

I said goodbye to him.
저는 그에게 작별 인사를 했어요.

Let me say thank you to everyone.
모두에게 감사 인사를 할게요.

쓰여 있다, 뉴스 등이 말하다

The sign says, "No entry."
표지판에 '출입 금지'라고 적혀 있어요.

The weather report says it will snow.
일기 예보에서 눈이 올 거라고 하네요.

The book says it's true.
그 책은 그것이 사실이라고 말하고 있어요.

관용구

having said that, 그렇긴 하지만,

What do you say to this idea? 이 아이디어에 대해 어떻게 생각하세요?

call

큰 소리로 부르다

㉶ 부르다, 외치다, 전화를 걸다, 방문하다 / ㉻ ~을 부르다, ~에게 전화하다

call의 원뜻은 '큰 소리로 부른다'로, 사람·사물의 이름을 부르거나 불러서 오게 하는 행위를 표현합니다. '방문하다'에서 파생되어 '전화하다'라는 의미도 가지게 되었지요. 자동사로 쓰이는 call의 숙어에는 '큰 소리로 부르다' 혹은 '방문하다'와 관련 있는 표현이 많습니다.

분명하게 부르다

The teacher called my name.
선생님이 내 이름을 불렀다.
His boss called him.
그의 상사가 그를 불렀다.
She called the dog.
그녀가 그의 개를 불렀다.

불러내다, 불러들이다

I'll call the police / an ambulance.
경찰/구급차를 부를게요.

Please call a taxi / call me a taxi.
택시를 불러주세요.

She called a meeting. 그녀는 회의를 소집했어요.

~라고 부르다, 표현하다, 간주하다 (SVOC형식)

My friends call me Mick.
친구들은 저를 Mick이라고 불러요.

They call me by my first name.
그들은 저를 이름으로 불러요.

People call him a liar.
사람들은 그를 거짓말쟁이라고 불러요.

전화하다

I'll call you soon. 곧 전화 드릴게요.

I'll call back later.
나중에 다시 전화 드릴게요.

Call me when you have time.
시간 나실 때 전화 주세요.

관용구

The city **called on** citizens to evacuate.
시는 시민들에게 대피하라고 **촉구했어요**.

The boys **called out for** help. 소년들은 도움을 **요청했어요**.

A special team was **called out** to rescue them.
그들을 구조하기 위해 특별팀이 **소집되었어요**.

The game was **called off**. 시합이 **중지되었어요**.

He **calls on** me every Sunday. 그는 일요일마다 저를 **찾아와요**.

She **called at** my office. 그녀는 저의 사무실에 **들렀어요**.

ONE-UP! 그 밖에 '말하다', '이야기하다'를 표현하는 동사

● **mean**은 '의미하다', 즉 '마음속에 있는 의도나 뜻을 말하다'를 나타냅니다.

What do you mean?
무슨 말이에요?
I understand what you mean.
무슨 말을 하시는지 알겠어요.

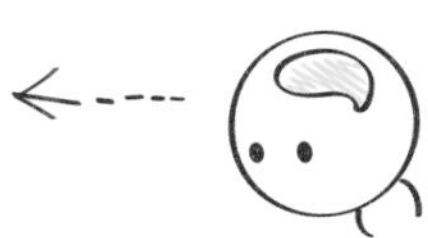

● **mention**은 '~에 관해 언급하다'라는 뜻이지요. 사람이나 일에 관해 거론하는 행위를 가리킵니다.

She didn't mention the accident.
그녀는 그 사고에 관해 말하지 않았어요.
As I mentioned before, that's true.
제가 이전에 말한 대로 그것은 사실이에요.

● **claim**은 자신의 불만이나 정당성을 주장하는 행위를 뜻합니다. 보통은 그 정당성이 증명되지 않았을 때 쓰지요.

He claimed he had seen a UFO.
그는 자신이 UFO를 봤다고 주장했어요.

● **explain**은 복잡한 사정이나 이유를 설명할 때 씁니다.

He explained why he arrived late.
그는 늦게 도착한 이유를 설명했어요.

● **observe**의 원래 뜻은 '보다'로, 상황 등에 대해 알게 된 바를 말할 때 씁니다.

The teacher observed that the student did a good job.
선생님은 그 학생이 잘했다고 말했어요.

동사와 목적어의 Collocation

'보다', '듣다'는 어떻게 말할까?

영화를 '보는' 행동은 see이며, 텔레비전을 '보는' 행동은 watch라고 배웠지요. 둘은 무엇이 다를까요? hear과 listen의 차이에 관해서도 함께 공부해봅시다.

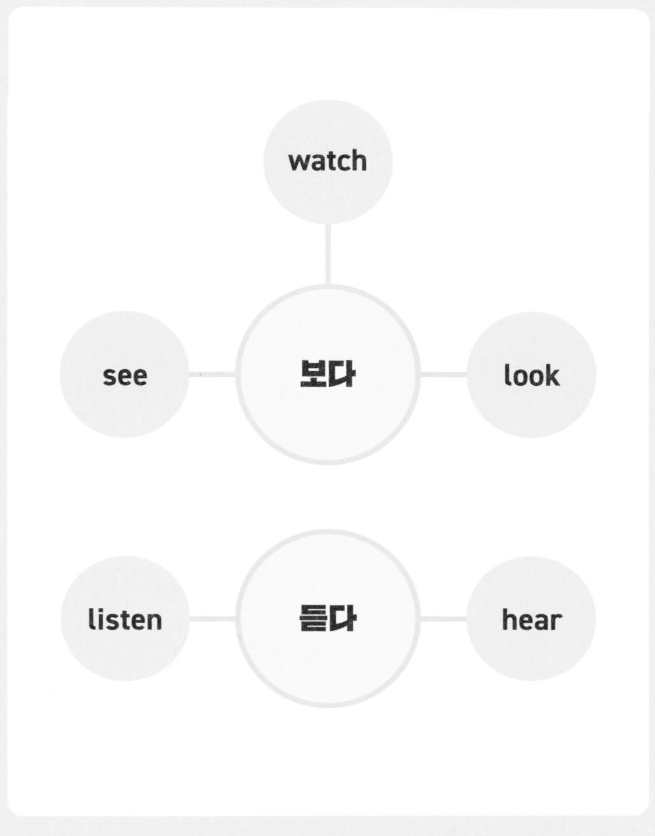

see

보이다 (시각적으로 뇌가 인지하다)

㉶ 보이다 / ㉸ ~이 보이다, ~을 보다, ~와 만나다, ~을 알다

look과 watch는 의식적으로 시야를 특정 대상에 향하게 하는 행위를 표현하는 반면, see는 의식의 여부와 상관없이 대상이 시각적으로 인지되어 뇌에 각인되는 상황, 즉 '보이다'를 뜻합니다. 화살표에 비유하면 look은 시작점, see는 신호가 뇌 내에 들어오는 끝점에 해당합니다. '이야기가 보이다' 즉 '이해하다'로도 쓰이며, check와 마찬가지로 '확인하다'로도 쓸 수 있습니다.

보이다, 보다, 관람하다

I like to see a movie / a play.
영화/연극을 보는 것을 좋아해요.

I saw nothing.
아무것도 보이지 않았어요.

I saw a big tree. 큰 나무를 봤어요.

Let's see what happens.
무슨 일이 일어나는지 살펴봅시다.

I saw a man going into the room.
한 남자가 방으로 들어가고 있는 모습을 봤어요.

 '꿈을 꾸다'는 see가 아니라 have를 씁니다.

× **have a bad dream** 악몽을 꾸다
○ **see a bad dream**

watch

움직임이 있는 대상을 눈으로 좇다, 주시하다

㉶ 지켜보다, 주의하다 / ㊊ ~을 지켜보다, ~에 주의하다

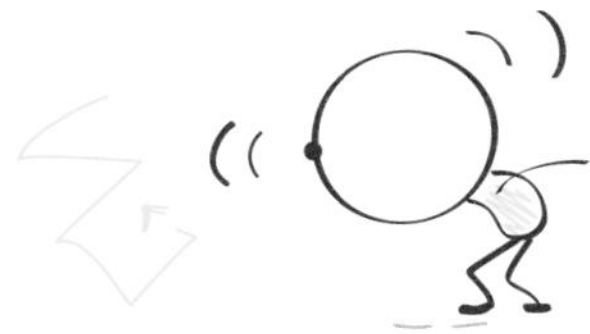

의도적으로 뭔가를 볼 때 see는 막연하게 보는 행위를 나타내지만, watch는 움직이거나 움직일 가능성이 있는 대상을 주의 깊게 지켜보거나 관찰하는 행위를 표현합니다. 영화나 연극을 가벼운 마음으로 보는 것이 see라면, 텔레비전 화면상으로 보거나 스포츠 경기를 관람하는 것은 watch입니다. 그 밖에 머리 위나 발밑을 주의하는 경우에도 watch를 씁니다.

주의해서 보다, 관찰하다, 주시하다

I watch television / a video.
텔레비전/비디오를 봐요.

I often watch a baseball game.
가끔 야구 경기를 봐요.

Watch me carefully.
저를 주의 깊게 봐주세요.

Watch your step.
발밑을 조심하세요.

I'll keep watching the progress.
진행 상황을 지켜보고 있어요.

The detective watched a man walking into the room.
그 탐정은 한 남자가 방으로 들어가고 있는 모습을 지켜봤어요.

look

의식적으로 시선을 향하게 하다

㉶ 보다, ~처럼 보이다 / ㉷ ㅡ

의식적으로 보는 행위를 나타냅니다. 실제로 보이는지 아닌지에 관계없이 그 방향으로 시선을 돌리는 동작을 표현합니다. 다양한 전치사·부사와 함께 쓰여 여러 가지 의미를 만들어내지요.

보려고 하다, 시선을 향하게 하다

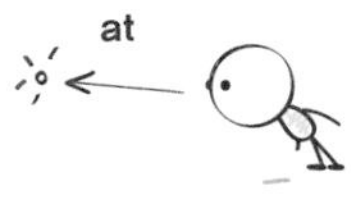

Look at the blackboard. 칠판을 보세요.

I looked around. 주위를 둘러봤어요.

I'm looking for my camera.
저는 카메라를 찾고 있어요.

The police looked into the case.
경찰이 그 사건을 조사했어요.

I looked through the report. 그 보고서를 검토했어요.

I looked up the word in a dictionary.
사전에서 그 단어를 찾아봤어요.

I have to look after my dog. 전 개를 돌봐야 해요.

look이 see와 가장 크게 다른 점은 화살표의 방향입니다. see는 대상이 눈으로 들어오는 방향에 해당하는 반면, look은 의도한 시선이 눈에서 나가는 방향에 해당합니다. 또 see나 watch는 주로 타동사로 쓰이지만, look은 자동사로 자주 쓰입니다. '~을 보다'라고 말할 때는 look at ~으로 씁니다.

ONE-UP! 그 밖에 '보다'를 표현하는 동사

- **glance**는 신경 쓰이는 대상을 흘끗 보거나 신문 등을 훑어볼 때 씁니다.

  He glanced at his watch.
  그는 시계를 슬쩍 봤어요.

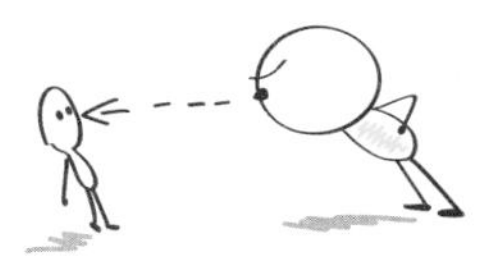

- **glare**는 분노를 느끼며 노려보는 모습을 나타냅니다.

  She glared at him with a cold eye.
  그녀는 차가운 눈으로 그를 노려봤어요.

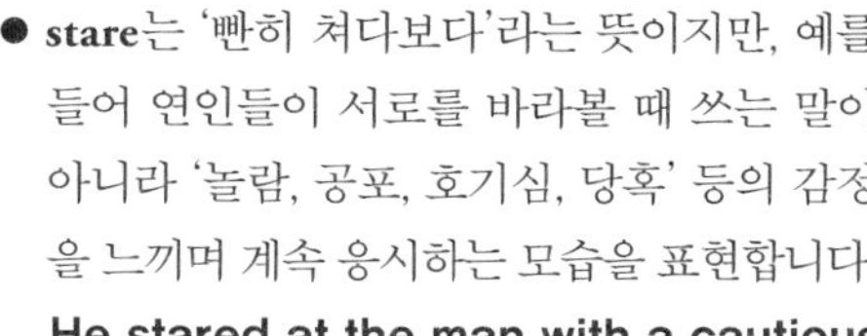

- **stare**는 '빤히 쳐다보다'라는 뜻이지만, 예를 들어 연인들이 서로를 바라볼 때 쓰는 말이 아니라 '놀람, 공포, 호기심, 당혹' 등의 감정을 느끼며 계속 응시하는 모습을 표현합니다.

  He stared at the man with a cautious eye.
  그는 조심스러운 눈으로 그 남자를 바라봤어요.

- **observe**는 주의 깊게 '관찰' 혹은 '관측'할 때, 모습을 지켜보거나 '감시'할 때 씁니다.

  We need to carefully observe how the situation develops.
  우리는 그 상황이 어떻게 전개되는지 주의 깊게 살펴봐야 해요.

hear

귀에 들어오는 소리를 인식하다

㉮ 들리다 / ㉯ ~이 들리다, ~을 듣다

hear과 listen의 차이는 see와 look의 차이와 비슷합니다. listen이 의식적으로 '귀를 기울여 듣는' 행위인 데 반해, hear는 자신의 의사와는 상관없이 귀에 들어오는 소리가 행위 즉 '들리다'를 뜻합니다. 또 '전해 듣다'라는 말도 됩니다.

들리다

I heard a voice / an alarm.
목소리가/알람 소리가 들렸어요.

I hear thunder.
천둥소리가 들려요.

Can you hear me?
제 말 들리세요?

I heard a man whispering.
남자가 속삭이는 소리가 들렸어요.

전해 듣다

I heard the story / the rumor. 그 이야기를/그 소문을 들었어요.

Let me hear your feedback. 당신의 의견을 들려주세요.

I heard that he was promoted. 그가 승진했다는 소식을 들었어요.

I'm glad to hear from you.㉮ 당신의 연락을 받아서 기뻐요.

I've heard of the movie.㉮ 그 영화에 대해 들었어요.

listen

의식적으로 귀를 기울이다

㉶ 귀를 기울이다, 듣다 / ㉹ —

listen은 '귀를 기울이다'라는 의미로, 도달을 나타내는 to와 함께 listen to~의 형태로 '~를 듣다'라는 뜻으로 자주 쓰입니다. 또 충고나 조언에 귀를 기울이는 상황에도 쓸 수 있습니다. look처럼 전치사·부사와 함께 다양한 표현을 만들어내지만, 핵심적인 뜻만 알고 있으면 이해하기 어렵지 않습니다.

귀를 기울이다

I like listening to music / the radio.
음악을/라디오를 듣는 것을 좋아해요.

Please listen to me carefully.
제 말을 주의 깊게 들어보세요.

He doesn't listen to my advice.
그는 저의 조언을 듣지 않아요.

Listen up!
잘 들으세요!

알아두면 쓸모 있는 영어 사전

'슛형' 동사와 '골형' 동사

'보다'와 '보이다', '듣다'와 '들리다'가 다른 동사로 표현되는 것을 축구의 슛과 골에 비유해 설명할 수 있습니다.

listen과 look은 '슛'에 해당하는 동사로 의도적으로 뭔가를 하고자 시도하지만, 그 시도가 반드시 '골(hear, see)'로 이어지지는 않습니다. 귀를 기울이거나 시선을 돌려도 뭔가 들리거나 보이는 결과로 이어질지 아닐지는 알 수 없지요.

touch와 feel도 마찬가지입니다. 손으로 만져(touch) 봐도 아무 느낌(feel)이 안 날 수도 있지요.

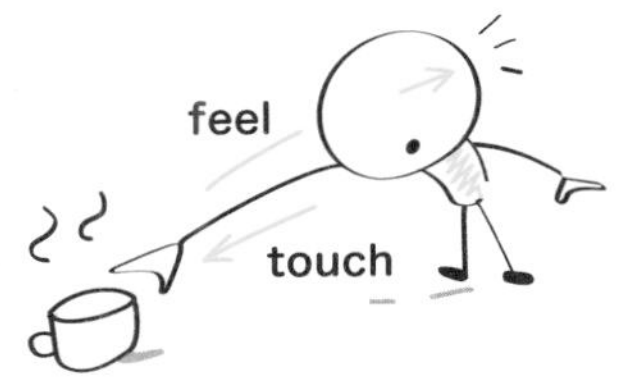

덧붙여 see와 hear에는 굳이 보거나 들으려고 하지 않아도 보이거나 들리는 상황이 포함된다는 것을 기억합시다.

슛형(시도하다)		골형(결과를 동반하다)	
touch	만지다	feel	느끼다
look at	시선이 향하다	see	보이다
listen to	귀를 기울이다	hear	들리다
search for look for	찾다	find	발견하다
study	공부하다	learn	익히다

동사의 Collocation

'되다'는 어떻게 말할까?

'되다'를 뜻하는 단어에는 어떤 것이 있을까요? 가장 먼저 become을 떠올리는 사람이 많겠지만, 사실 그 외에도 여러 동사가 있습니다. go나 come도 '되다'라는 의미로 쓸 수 있습니다. 이때 동사들은 불완전자동사(22쪽 참고)가 되지요. 각 동사의 사용법과 궁합에 관해서 설명하고자 합니다.

become

서서히 되다 (변화한 결과에 초점을 맞춤)

㉶ ~하게 되다 / ㉻ ~에 어울리다

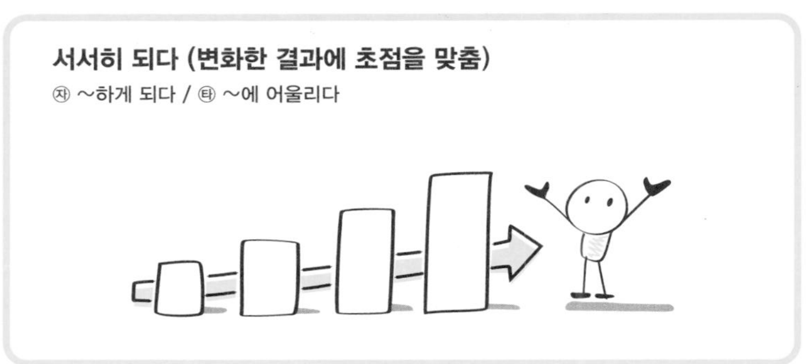

'~이 되다'를 뜻하는 대표적인 단어가 become이지요. 영속적으로 특정 상태가 '되는' 것, 천천히 변화한 결과를 나타내는 경우가 많아 지식을 얻거나 능력을 키우는 상황에서 get보다 더 많이 쓰입니다. 자격을 얻어 직업을 가지게 될 때도 쓸 수 있지요.

~하게 되다 ㉶

The boy became taller.
그 소년은 키가 더 커졌어요.
Her son became a pilot.
그녀의 아들은 파일럿이 되었어요.
Smartphones became common.
스마트폰은 흔해졌어요.
People became aware of his talent.
사람들은 그의 재능을 알아봤어요.
I'm starting to become nervous. 초조해지기 시작하네요.

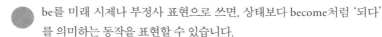

be를 미래 시제나 부정사 표현으로 쓰면, 상태보다 become처럼 '되다'를 의미하는 동작을 표현할 수 있습니다.

He will be a good teacher. 그는 좋은 선생님이 될 거예요.
What do you want to be in the future?
나중에 무엇이 되고 싶나요?

get(2)

어떤 상태를 얻다: ~하게 되다

㉮ 도착하다, ~하게 되다 / ㉯ ~을 손에 넣다, ~을 받다, ~을 하게 하다

get의 원래 의미는 '얻다'입니다. '어떤 상태를 얻다', '이르다'에서 '되다'를 뜻하게 되어 비교적 '빨리 되다'라는 의미를 담고 있습니다. become보다 편하게 쓸 수 있는 말로, 주관적인 문맥에서 자주 씁니다. '~이 되다'라는 의미의 get은 명사(구)의 앞에서는 쓰지 않는다는 점이 become과 다른 점입니다. 예를 들어 "He got a pilot."처럼 become에 대치되는 형태로 사용할 수 없습니다.

상태가 되다 ㉮

He got angry / upset. 그는 화났어요/기분이 상했어요.
I got tired / drunk. 저는 지쳤어요/취했어요.
It's getting dark / cold. 어두워지고/추워지고 있어요.
I got to know her. 그녀를 알게 됐어요.
Get ready quickly. 빨리 준비하세요.

'get+과거분사' 형태로 '되다'

I got lost. 길을 잃었어요.
She got dressed. 그녀는 옷을 입었어요.
You'll get used to it soon. 곧 익숙해질 거예요.
I got confused. 혼란에 빠졌어요.
She got married. 그녀는 결혼했어요.
The suspect got caught. 용의자가 잡혔어요.
He got wounded / injured. 그는 다쳤어요.

go(2)

원하지 않는 방향으로 흐르다

㉮ 가다, 진행하다, ~하게 되다 / ㉯ —

go는 바로 뒤에 보어가 되는 형용사나 과거분사를 동반하여 '되다'의 의미를 나타냅니다. '가버리다'라는 뜻과 상통하게 사물·감정이 나빠지거나 기능을 잃는 등 일반적으로 바람직하지 않는 방향으로 흐르는 것을 표현합니다.

원하지 않는 방향으로 흐르다

go bad / crazy / insane
음식이 상하다/미치다/제정신이 아니다

He went mad / angry.
그는 정신이 이상해졌다/화가 났다.

go blind / deaf / bald
실명하다/청력을 잃다/머리가 벗겨지다

My tea went cold.
차가 식었어요.

The battery went dead.
배터리가 다 되었어요.

His company went bankrupt.
그의 회사는 파산했어요.

come(2)

원하는 방향이나 원래의 방향으로 흐르다

㉶ 오다, 일어나다, ~하게 되다 / ㊉ —

go와 같은 형태로 쓰지만, 부정적인 방향성을 나타내는 go와 반대로 come은 원하는 상태가 되거나 원래의 상태로 돌아가는 것을 뜻합니다. '다가오다'라는 이미지와 연결 지어 생각하면 이해하기 쉽지요.

원하는 방향으로 흐르다

My dream came true. 내 꿈이 이뤄졌어요.

The water will come clear / clean. 물이 맑아졌어요/깨끗해졌어요.

원래대로 돌아가다, 안정 상태가 되다

The nut came loose. 너트가 풀렸어요.

come to do: ~한 상태에 이르다
come into: ~한 상태가 시작되다 (~하기 시작하다)

We came to know each other. 우리는 서로 알게 되었어요.

I came to understand that. 그것을 이해하게 되었어요.

She came to think / believe it's true.
그녀는 그것이 사실이라고 생각하게/믿게 되었어요.

The law came into effect last year.
그 법은 작년에 발효되기 시작했어요.

turn

완전히 다른 상태가 되다

㉶ 돌다, ~로 바뀌다, ~하게 되다 / ㉻ ~을 돌리다, ~의 방향을 바꾸다, ~의 성질을 바꾸다

'되다'의 의미를 나타내는 자동사 turn은 이전과는 완전히 다른 상태로 변하는 것을 표현합니다. '바꾸다', '뒤집다'라고 생각하면 이해하기 쉽습니다. '완전히'를 나타내는 out(301쪽 참고)과 함께 turn out으로도 쓰며, '변화'를 나타내는 into(265쪽 참고)와 함께 turn into로 쓰기도 합니다.

바뀌다, 되다 ㉶

He turned 30.
그는 30살이 되었어요.

His hair turned gray.
그의 머리카락이 세었어요.

The leaves turned red.
잎이 빨갛게 물들었어요.

He turned professional.
그는 전문가가 되었어요.

관용구

It **turned out** that he was wrong. 그가 틀렸다는 사실이 밝혀졌어요.

The rain **turned into** snow. 비가 눈으로 바뀌었어요.

Our sales **turned around.** 매상이 좋아졌어요.

fall

되다: 떨어지다, 빠지다
㉶ 떨어지다, 내려가다, 되다, 빠지다

'떨어지다', '쓰러지다'라는 뜻의 fall은 갑자기 어떤 상태로 변하는 것을 나타내는 '되다'를 의미합니다. 자신의 의사와는 상관없이 예상치 못한 채 떨어지거나 쓰러지거나 깊은 곳에 빠지는 이미지를 떠올리면 이해하기 쉽습니다.

되다, 빠지다 ㉶

The girl fell asleep.
그 소녀는 잠에 빠졌어요.
I fell ill / sick.
저는 병이 났어요.
He fell unconscious.
그는 의식을 잃었어요.
The gun fell silent.
총성이 멈췄어요.

관용구

Mark **fell in love** with her. Mark는 그녀와 사랑에 빠졌어요.
The patient **fell into** a coma. 그 환자는 혼수상태에 빠졌어요.

grow

천천히 성장하거나 상태가 변하다

㉲ 증대하다, 성장하다, ~하게 되다 / ㉵ ~을 키우다, ~을 성장시키다

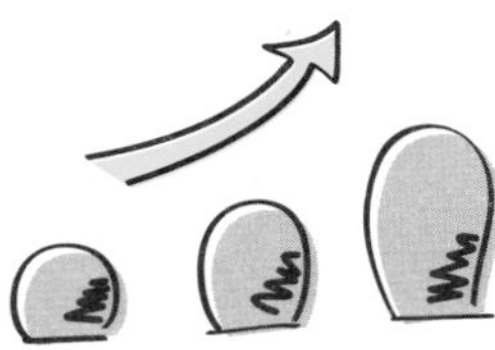

'되다'를 의미하는 grow는 천천히 성장하거나 감정이 격해지는 것, 상태가 서서히 변하는 것을 나타냅니다.

성장하다, 상태가 되다 ㉲

Your son grew up.
아들이 다 컸네요.

I began to grow uneasy.
저는 걱정되기 시작했어요.

I'm growing to love her.
그녀가 좋아지고 있어요.

동사의 Collocation

'움직이다', '일하다'는 어떻게 말할까?

'움직이다'를 뜻하는 대표적인 동사는 move입니다. 하지만 '엔진이 움직이다'라고 말할 때는 move를 쓰지 않지요. 자판기를 주어로 삼아 move를 쓰면, 자판기가 이동한다는 의미가 됩니다. 그런 실수를 피하기 위해서는 '움직이다'를 표현하는 여러 동사의 쓰임을 정리해둬야 합니다.

move

움직이다, 장소·위치를 바꾸다

㉶ 움직이다, 이사하다, 행동하다 / ㉸ ~을 움직이다, ~을 감동시키다

move는 장소나 위치를 '이동하다', '바꾸다'라는 의미입니다. 자동사라면 '움직이다', '(일이) 진행되다'를 뜻하지요. 움직이는 대상이 마음일 때는 '감동시키다'라는 뜻이 됩니다.

사물·사람·신체의 일부를 움직이다, 이동시키다

I move my hands / my eyes / my head / my body.
저는 손/눈/머리/몸을 움직여요.

I moved a sofa / a table.
저는 소파/탁자를 옮겼어요.

Please move your car.
차를 이동시켜주세요.

Move the cursor left.
커서를 왼쪽으로 움직여주세요.

move는 '이동'을 나타내므로, 기계나 엔진이 '움직이다'는 run으로 표현합니다. (121쪽 참고)

The engine is still running.
엔진이 아직도 움직이고 있어요.

마음을 움직이다: 감동시키다

I was moved to tears.
감동해서 눈물이 났어요.

That movie was moving.
그 영화는 감동적이었어요. (→ moving은 형용사 취급)

사람·탈것이 이동하다, 신체의 일부가 움직이다, 행동을 일으키다 ㉂

The car began to move.
차가 움직이기 시작했어요.

Don't move.
움직이지 마세요.

Let's move on.
다음으로 넘어갑시다.

이사하다, 이동하다 ㉂

I'll move to a new office next week.
다음 주에 새 사무실로 이사할 거예요.

move in
이사 오다

move out
이사 가다

The family moved out last month.
그 가족은 지난달에 이사 갔어요.

관용구

Let's **move on** to the next topic. 다음 주제로 넘어갑시다.

work

일하다, 노력하다 ㉶

㉶ 근무하다, 일하다, 작동하다 / ㉫ ~을 담당하다, ~을 작동시키다, ~을 조작하다

'일하다'를 뜻하는 동사 중 가장 먼저 떠오르는 말이 아닐까 합니다. 원뜻은 '스스로 움직여 기능이나 능력을 발휘하다'입니다. 따라서 '공부'나 '노력'을 나타내기도 하며, 기계 등이 '잘 움직이다'라는 의미로도 쓰지요.

일하다, 근무하다, 노동하다 ㉶

I work for a software company.
저는 소프트웨어 회사에서 일하고 있어요.

I work at a factory.
전 공장에서 일하고 있어요.

I work part time as a clerk.
전 사무원으로 시간제로 일하고 있어요.

I work nights.
저는 야근을 해요.
저는 야간 근무를 담당하고 있어요.

공부하다, 노력하다 ㉶

You have to work hard at school.
여러분은 학교에서 열심히 공부해야 해요.
We all should work toward peace.
우리는 모두 평화를 위해 노력해야 합니다.
Now we are working on it.
지금 우리는 그것에 몰두하고 있어요.

기계·신체가 움직이다, 작동하다, 약이나 계획이 효과가 있다 ㉶

This machine isn't working.
이 기계는 작동하지 않아요.
The old clock is still working.
낡은 시계가 아직도 움직이고 있어요.
This drug works well for me.
이 약은 나에게 잘 들어요.
Does this plan work for you?
이 계획으로 괜찮으세요?
Your plan will work out. 당신의 계획대로 잘될 거예요.

움직이게 하다 ㉸

He can work this machine.
그는 이 기계를 움직일 수 있어요.
He worked his people very hard.
그는 부하 직원들을 혹사시켰어요.
She works her mind hard.
그녀는 머리를 열심히 굴린다.

관용구

Don't work too hard. 무리하지 마세요.
I sometimes **work out** in the gym. 저는 가끔 체육관에서 운동해요.

run(1)

재빠르고 거침없이 연속하여 움직이다, 움직이게 하다

㉮ 달리다, 흐르다, 작동하다 / ㉯ ~을 경영하다, ~을 움직이다

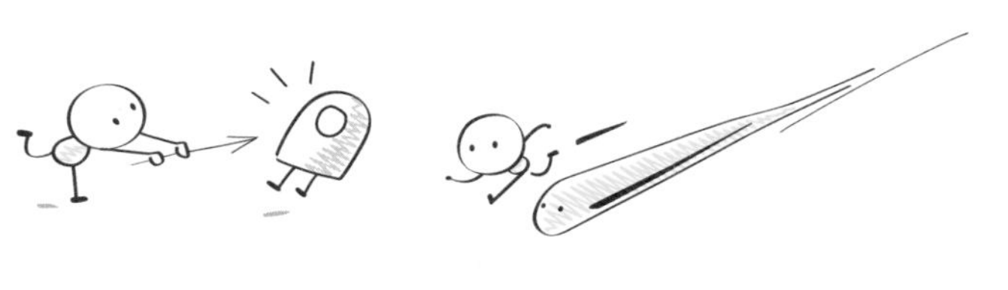

사물이나 일이 빠르고 거침없이 흐르는 것을 나타내는 단어로, 그 의미를 사람에게 적용하면 '달리다'라는 뜻이 됩니다. 여기서는 타동사 run을 다룰 예정입니다. 회사를 순조롭게 흘러가게 하다, 즉 '경영하다'의 의미도 있습니다. 기계를 움직이게 하는 행위도 run으로 표현할 수 있습니다.

사람이 경주하다, 사람이 달리다 (타동사 취급)

run a marathon
마라톤을 뛰다
He runs a mile in ten minutes.
그는 10분에 1마일을 달려요.

가게·회사를 경영하다, 계획 등을 지휘·관리하다

She runs a business. 그녀는 사업을 해요.

She runs a company. 그녀는 회사를 경영하고 있어요.

I run a course.
전 강의를 진행하고 있어요.

I sometimes run risks.
전 때때로 위험을 감수해요.

기계 등을 움직이다, 조작하다: 프로그램을 실행하다

He ran the sewing machine.
그는 재봉틀을 움직였어요.

I run a campaign. 저는 캠페인을 벌여요.

He ran the software on his PC.
그는 PC에 소프트웨어를 실행시켰어요.

I run the vacuum cleaner.
나는 진공청소기를 작동시켜요.

I run an experiment. 저는 실험을 했어요.

액체를 흐르게 하다: 욕조에 물을 채우다, 수도꼭지를 열어 물을 받다

I run a bath. 저는 욕조에 물을 채워요.

I run the tap. 저는 수도꼭지를 틀어요.

The bath is running. ㉶
욕조의 물이 넘치고 있어요.

길을 내다, 선을 긋다

The mechanic ran wires / cables.
그 기계공은 배선 작업을 했어요.

run(2)

재빠르고 거침없이 연속하여 움직이다, 움직이게 하다

㉶ 달리다, 흐르다, 작동하다 / ㉹ ~을 경영하다, ~을 움직이다

자동사 run은 '달리다'라는 의미로 가장 많이 알려져 있지만, 유체 등이 '거침없이 흐르는' 이미지를 잘 기억해두면 다양한 사용법을 익힐 수 있습니다.

달리다, 도망가다 ㉶

We ran to the station.
우리는 역까지 뛰었어요.
A dog ran after me.
개가 제 뒤를 쫓아왔어요.
The thief ran away.
도둑이 도망쳤어요.

액체가 흐르다, 병·생각·뉴스 등이 전해지다 ㉶

Tears ran down her cheek.
눈물이 그녀의 볼을 타고 흘러내렸어요.

Your nose is running.
당신 코에서 콧물이 흐르고 있어요.

A pain ran up his arm.
통증이 그의 팔을 스쳐 지나가요.

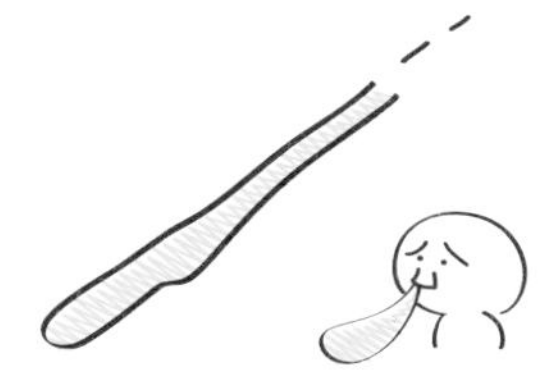

기계가 동력으로 움직이다, 작동하다 ㉶

The engine runs smoothly.
엔진이 순조롭게 움직이고 있어요.

The computer is running.
컴퓨터가 작동하고 있어요.

운행하다

The bus runs on time.
그 버스는 정시에 맞게 운행하고 있어요.

We are running late.
우리는 늦어지고 있어요. (→ 회의 등을 할 때 쓰는 표현)

도로·선 등이 뻗어 있다 ㉶

The road runs along the lake.
길이 호수를 따라 이어져요.

The river runs through the city center.
그 강은 도심을 흐르고 있어요.

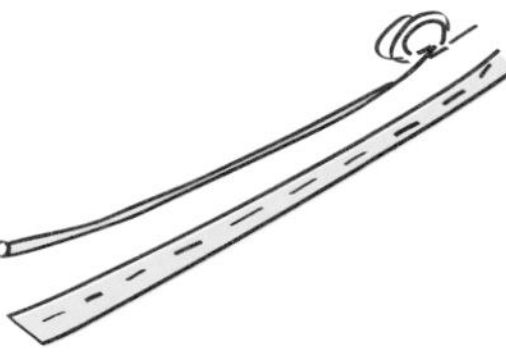

관용구

We've almost **run out of** time. 시간이 거의 **없어요.**

I **ran into** an old friend on the street.
길에서 오래된 친구를 **우연히 만났어요.**

ONE-UP! 그 밖에 '움직이다'를 표현하는 동사

● 아무리 애써도 엔진이 움직이지 않을 때는 '시동이 걸리지 않는다'라는 의미로, **start**를 씁니다.

The engine doesn't start.
엔진 시동이 걸리지 않아요.

● '행동하다'는 **act**로 표현합니다.

He always acts quickly.
그는 항상 빨리 행동해요.

● 상황에 따라 일이 '변하다'라는 의미를 나타낼 때는 **change**나 **vary**를 씁니다.

The world is always changing.
세상은 늘 변하고 있어요.

The price varies according to the demand.
가격은 수요에 따라 변해요.

● 가격이나 양 등이 자주 오르내릴 때는

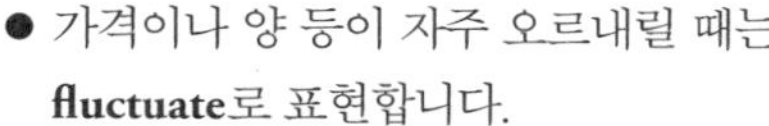

fluctuate로 표현합니다.

The price has been fluctuating between $10 and $15.
가격은 10달러와 15달러 사이에서 수시로 바뀝니다.

동사와 목적어의 Collocation

'잃어버리다', '놓치다', '잃다'는 어떻게 말할까?

중요한 것을 잃어버리거나 원하던 것을 놓쳤을 때 쓰는 동사에 대해 알아봅시다.

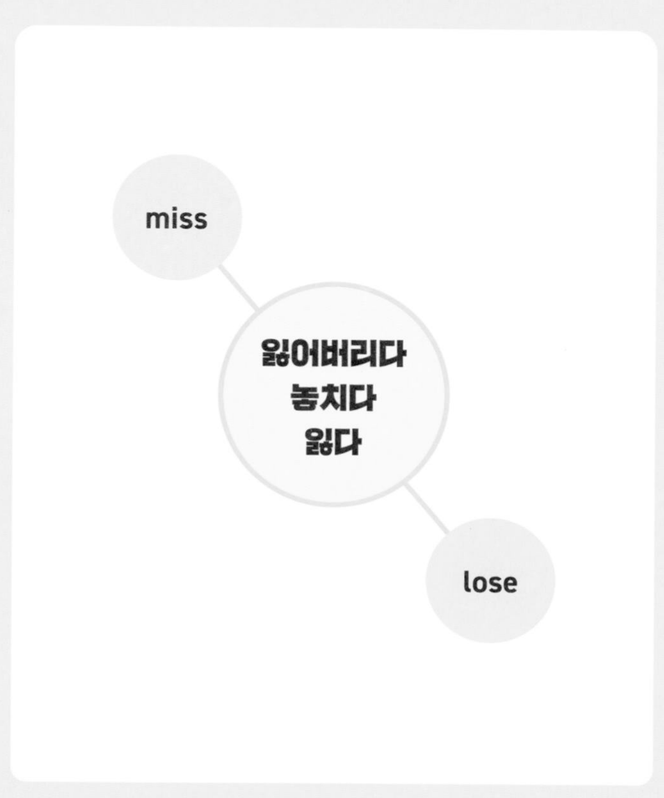

miss

과녁에서 빗나가다, 잘못 맞히다

㉶ 놓치다, 실패하다 / ㉷ ~을 놓치다, ~을 벗어나다, ~을 결석하다

'잘못 맞히다'를 뜻하는 miss는 '의지와 달리 일이 잘되지 않는다', '있으면 좋은 것이 실제로는 없다'라는 뉘앙스를 풍깁니다. 빗나가는 것이 반드시 나쁜 일만은 아니므로, miss the accident(사고를 피하다)라는 표현도 쓸 수 있습니다.

목표를 맞히지 못하다, 잡지 못하다

We missed the target.
우리는 목표물을 맞히지 못했어요.
He missed the ball.
그는 공을 잡지 못했어요.

기회 등을 놓치다, 잃다

Don't miss the chance.
기회를 놓치지 마세요.
The driver missed a signal.
그 운전자는 신호를 못 봤어요.
I missed the point.
요점을 놓쳤어요.

학교·모임·시합에 가지 못하다, 결석·결장하다

She missed the party / school.
그녀는 파티/학교에 가지 못했어요.

I missed breakfast / a meal.
아침/식사를 걸렀어요.

He missed the World Cup.
그는 월드컵에 나가지 못했어요.

지하철·버스 등을 타지 못하다, 시간에 늦다 (↔ catch)

I missed the train / the bus / my flight.
기차/버스/비행기를 놓쳤어요.

I missed my stop.
내릴 곳을 지나쳤어요.

I missed my deadline.
마감 기한을 넘겼어요.

아무도 없어 쓸쓸하다, 없어서 곤란하다

I miss my family.
가족이 그리워요.

I miss my car.
제 차가 그립네요.

I'll miss you.
당신이 그리울 거예요.

관용구

The man is missing in action. (군사용어) 그 남자는 행방불명됐어요.

lose

필요한 것을 잃어버리다

㉶ 지다, 손해보다 / ㉸ ~을 잃어버리다, ~을 낭비하다, ~을 줄이다

필요한 것을 '잃어버리다'라는 뜻입니다. 돈이나 물건, 시간을 낭비하거나 직업을 잃었을 때, 생명이나 신체의 일부, 기능을 상실하거나 길을 잃었을 때, 시합에서 졌을 때 모두 쓸 수 있는 말입니다. 감각이나 감정, 통제력을 잃을 때도 씁니다.

귀중한 물건·사람·돈·권리를 잃어버리다, 분실하다

He lost money / his home.
그는 돈/집을 잃어버렸어요.

He lost a job.
그는 일자리를 잃었어요.

He is losing his hair.
그의 머리카락이 빠지고 있어요.

He lost his memory.
그는 기억을 잃었어요.

I lost my key.
저는 열쇠를 잃어버렸어요.

길·방향을 잃다, 현 위치를 모르다

I lost my way.

길을 잃었어요.

I got lost.

길을 잃었어요.

능력·감각·감정·사고를 잃다, 없어지다

I lost my voice.

목소리가 나오지 않았어요.

I lost my sensation / my sight.

전 감각/시력을 잃었어요.

I lost interest in music.

전 음악에 흥미를 잃었어요.

He lost his mind.

그의 제정신이 아니었어요.

I lost my confidence.

전 자신감을 잃었어요.

He lost his balance and fell down.

그는 균형을 잃고 넘어졌어요.

체중을 줄이다, 정도를 낮추다 (↔ gain)

I lost weight / 5 kilos.

체중이 줄었어요. / 5킬로그램을 뺐어요.

His car lost speed.

그의 차는 속도가 줄었어요.

The plane began to lose altitude.

비행기는 고도를 낮추기 시작했어요.

관용구

She **lost herself in** playing music. 그녀는 음악 연주에 빠졌어요.

ONE-UP! 그 밖에 '잃어버리다', '사라지다'를 표현하는 동사

- '생명을 잃다'는 **lose**로 나타내지만, '죽다'는 die 대신 완곡한 표현인 **pass away**를 많이 씁니다.

He lost his life in the accident.
그는 그 사고로 목숨을 잃었어요.
She lost her husband. 그녀는 남편을 잃었어요.
Her husband passed away last year.
그녀의 남편은 작년에 돌아가셨어요.

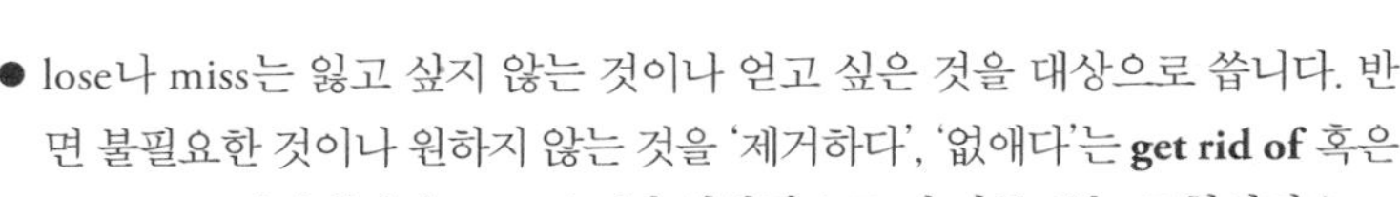

- lose나 miss는 잃고 싶지 않는 것이나 얻고 싶은 것을 대상으로 씁니다. 반면 불필요한 것이나 원하지 않는 것을 '제거하다', '없애다'는 **get rid of** 혹은 **remove**로 나타냅니다. get rid of가 일상적으로 더 자주 쓰는 표현이지요.

She tried to get rid of uneasy feeling.
그녀는 불안감을 떨쳐버리려고 노력했어요.
We have to remove all the obstacles.
우리는 모든 장애물을 없애야 해요.

- 지금까지 이어져온 규칙, 제도 등을 공식적으로 폐지하는 경우에는 **abolish**를 씁니다. (= do away with)

The ministry abolished the old system.
그 부서는 낡은 제도를 폐지했어요.

- '보이지 않다'라는 의미는 **disappear**로 나타낼 수 있습니다.

My room key disappeared.
방 열쇠가 없어졌어요.

- **go**나 형용사 **gone** 역시 '없어지다', '사라지다'의 의미로 쓸 수 있습니다.

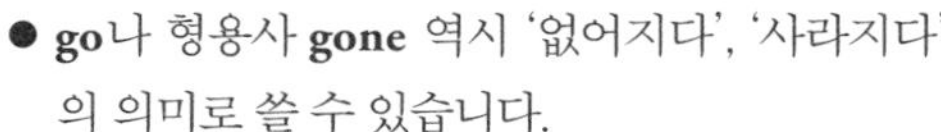

My pain is gone now.
지금은 통증이 사라졌어요.

동사와 목적어의 Collocation

'놓다'는 어떻게 말할까?

'놓다'는 put이나 set으로 나타내지요. 둘의 차이점은 무엇일까요? 더 나아가 place와 lay 등도 가볍게 살펴보도록 하겠습니다.

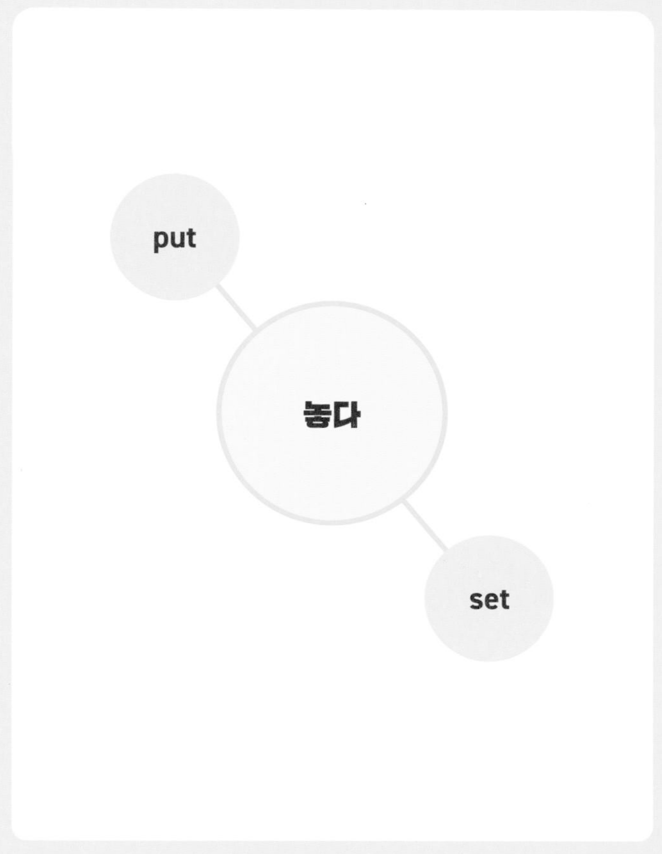

put

어떤 위치에 놓다

㉮ 나아가다 / ㉯ ~을 놓다, ~을 어떤 상태로 만들다

put의 원뜻은 '어떤 위치에 놓다'입니다. 그래서 장소나 상황에 따라 '두다', '얹다', '걸다', '넣다' 등으로 쓸 수 있습니다. put 자체는 의미가 광범위하고 약해서 장소, 방향, 움직임을 나타내기 위해 함께 쓰는 전치사와 부사가 중요한 역할을 합니다. 그에 따라 '부과하다', '붙이다', '집어넣다', '움직이다', '바꾸다' 등의 다양한 의미를 표현할 수 있습니다.

위치하게 하다: 두다, 넣다

He put a pen on the desk.
그는 책상 위에 펜을 놔뒀어요.

I put a map on the wall.
벽에 지도를 걸었어요.

I usually put some milk in my tea.
저는 보통 차에 우유를 조금 넣어요.

Put the gun down.
총을 내리세요.

Put your hands up.
손을 드세요.

쓰다

Put your name down here.
여기에 이름을 쓰세요.
Put a check mark in the box.
네모 안에 체크 표시를 하세요.

부과하다, 향하게 하다

They put a tax on things.
그들은 물품에 세금을 부과했어요.
I put myself into my work.
저는 일에 몰두했어요.
He put pressure on his people.
그는 부하 직원들에게 압박을 줬어요.

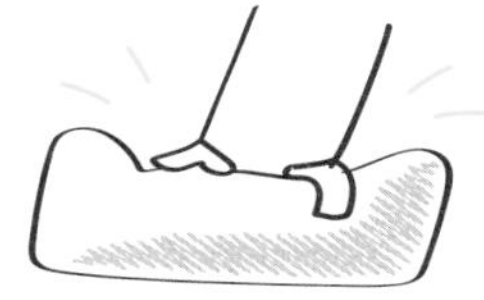

관용구

Be sure to **put aside** money for retirement.
퇴직 후를 위해 반드시 돈을 저축해두세요.
Let's **put** it **aside** for now.
지금은 일단 그것을 보류해둡시다.
The children **put away** their toys.
아이들은 장난감을 정리했어요.
Put your hat **on.** 모자를 쓰세요.
Put the cork **back** in a wine bottle.
와인 병에 코르크를 다시 끼워두세요.
Put the glass **down.** 컵을 내려놓으세요.
Put it **in** the microwave.
그것을 전자레인지에 넣어주세요.
Don't **put off** planning for retirement.
퇴직 계획을 세우는 일을 미루지 마세요.
The boys **put together** a band. 소년들은 밴드를 결성했어요.
He **put up with** the hard work. 그는 힘든 일을 참고 견뎠어요.

set

정확하고 깔끔하게 놓다

㉶ 굳어지다, 번지다, 태양·달이 지다 / ㉼ ~을 놓다, ~을 어떤 상태로 만들다

원래는 '앉히다'라는 의미였던 set은 '정해진 장소에 정확히 놓다', 즉 '배치하다', '설치하다', '설정하다', '고정하다'라는 뜻으로 쓰입니다. put보다 진중하고 주의 깊은 동작을 떠올리게 합니다.

(신중하고 정확하게) 놓다, 세워 놓다

She set glasses on the table.
그녀는 탁자 위에 안경을 올려뒀어요.
He set a ladder against the wall.
그는 벽에 사다리를 기대어 세웠어요.
He set the books down on the floor.
그는 바닥에 책을 내려놨어요.

비교하자면 place는 '장소'에 초점을 두고, 결정된 장소에 두는 동작을 나타냅니다. lay는 두 면이 맞닿게 두거나 조심스럽게 가로로 놓는 것을 의미합니다. (136쪽 참고)

O(목적어)를 C(의 상태)로 만들다

Set me free. 저를 놔두세요.

I set my house in order.
집 안을 정리했어요.

I set the record straight.
사실을 바로잡았어요.

설정하다, 고정하다

I set an alarm / the clock.
알람/시계를 설정했어요.

Let's set a date. 날짜를 정합시다.

We set a target / a goal.
우리는 목표를 설정했어요.

They set a limit / a deadline / a standard.
그들은 한계/기한/기준을 설정했어요.

준비된 상태로 만들다, 시작하게 하다

We set the table for dinner.
우리는 저녁 식사를 차렸어요.

He set fire to the paper.
He set the paper on fire.
그는 종이에 불을 붙였어요.

They set the ball rolling on negotiations.
그들은 협상을 시작했어요.

관용구

I'll **set up** a meeting. 회의를 잡을게요.

He **set up** a company. 그는 회사를 차렸어요.

He **set out** for Osaka. 그는 오사카를 향해 떠났어요.

I have to **set aside** money for emergencies.
응급 시를 대비해 돈을 따로 챙겨둬야 해요.

ONE-UP! 그 밖에 '놓다'를 표현하는 동사

- **place**는 put보다 딱딱한 말로, 특정 목적으로 사물이나 사람을 정해진 장소에 놓는 행동을 표현합니다. 명사 place를 동사로 쓰는 것을 보면 알 수 있듯이 '장소'에 초점을 맞추고 있습니다.

He placed the file back in the folder.
그는 그 파일을 폴더에 되돌려놨어요.
I placed my trust in her.
저는 그녀를 믿었어요.

- **lay**는 목적에 맞게 평평한 바닥 위에 가로로 놓는 행동을 나타냅니다. 조심스럽게 놓는 행위를 암시하므로, 사람을 목적어로 삼는 경우에는 place가 아니라 lay를 씁니다.

They laid flowers on the grave.
그들은 무덤 위에 꽃을 놓았어요.
I laid my baby in a crib.
아기 침대에 아이를 눕혔어요.

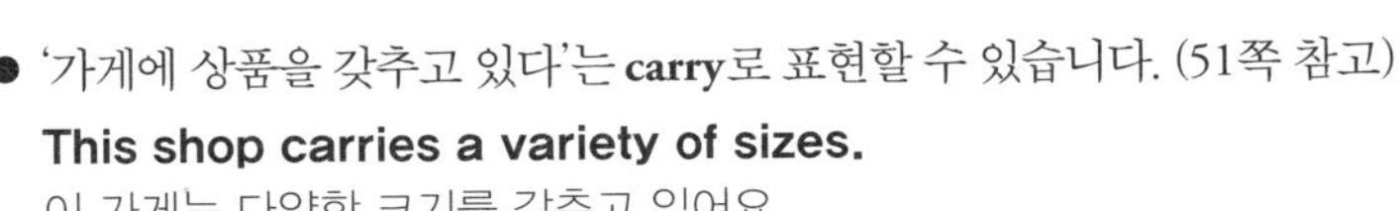

- '가게에 상품을 갖추고 있다'는 **carry**로 표현할 수 있습니다. (51쪽 참고)

This shop carries a variety of sizes.
이 가게는 다양한 크기를 갖추고 있어요.

- 통화를 끝내고 수화기를 전화기에 돌려놓는 행위, 즉 '전화를 끊다'는 **hang up**입니다.

Don't hang up. 전화를 끊지 마세요.

- 뭔가를 놔두고 그 장소를 떠나는 경우에는 **leave**를 쓰고(85쪽 참고), '유지하다'는 **keep**으로 말할 수 있습니다. (48쪽 참고)

I left the tip on the table. 테이블 위에 팁을 놔뒀어요.
I kept my distance from the car in front. 앞 차와 거리를 유지했어요.

동사와 목적어의 Collocation

'배우다', '알다'는 어떻게 말할까?

'공부하다'와 '배우다'는 무엇이 다를까요? 왜 study는 '공부하다'로, learn은 '배우다'라고 해석할까요? 또한 learn을 '알다'라는 의미로 쓸 때, know와 다른 점은 무엇일까요? 이런 질문들에 대한 답을 찾아보면서 각 동사와 궁합이 좋은 목적어를 정리해봅시다.

study

의식적으로 몸에 익숙해지도록 노력하다 (과정에 초점)

㉮ 공부하다 / ㉰ ~을 공부하다, ~을 연구하다

study의 원래 뜻은 '얻기 위해 노력·분투하다'입니다. 조사 및 연구를 하거나 상세히 검토하는 과정에 초점을 두는 동사입니다. 따라서 study hard처럼 부사 hard와 함께 쓰는 경우가 많습니다.

공부하다, 연구하다, 검토하다

I study English / engineering.

전 영어/공학을 공부해요.

I studied the document.

그 문서를 검토했어요.

Let's study how it works.

그것이 어떻게 움직이는지 알아봅시다.

learn(1)

학습·경험을 통해 몸에 익히다 (결과에 초점을 둠)

㉂ 배우다 / ㉅ ~을 배우다, ~을 알다, ~을 익히다

노력에 초점을 두는 study와 달리 learn은 노력의 유무에 상관없이 기량이나 지식을 몸에 익히는 것을 나타냅니다. 그러니 자연스럽게 알게 되는 것도 포함되지요. 다시 말해 결과에 초점을 두는 동사입니다.

어학을 배운다고 말할 때는 study와 learn 모두 쓸 수 있지만, learn은 습득해 나가는 결과에 주목하는 느낌을 줍니다. study hard에 비해 learn hard는 잘 쓰지 않지요. learn easily는 '쉽게 익히다', study easily는 '마음 편히 공부하다'라는 뜻입니다.

습득하다, 익히다, 알다

I'm learning English / the piano.
영어/피아노를 배우고 있어요.

learn the way / the technique
방법/기술을 습득하다

I learned how it works.
그것이 어떻게 움직이는지 알게 됐어요.

This is the lesson learned from experience.
이것은 경험에서 배운 교훈이에요.

study와 learn의 차이는 다음과 같은 문장으로 나타낼 수 있습니다.

He studied very hard in his class but learned little.
그는 강의 시간에 아주 열심히 공부하지만, 아는 것은 거의 없어요.

learn(2)

학습·경험을 통해 몸에 익히다 (결과에 초점)

㉂ 배우다 / ㉈ ~을 배우다, ~을 알다, ~을 익히다

관습 등을 익히다, 깨닫다

He learned a bad habit. 그에게는 나쁜 버릇을 있어요.

I learned to communicate in English.
그는 영어로 의사소통을 할 수 있게 되었어요.

I learned patience. 저는 인내를 배웠어요.

외우다, 기억하다

I learned their faces / their names.
저는 그들의 얼굴/그들의 이름을 외웠어요.

I learned how to do it. 그것을 어떻게 하는지 배웠어요.

I can learn a song by ear.
저는 노래를 듣고 외울 수 있어요.

들어서 알다, 발견하다

I learned the news from him.
그에게서 그 소식을 들었어요.

I learned that he won the game.
그가 시합에서 이겼다는 사실을 들었어요.

I learned what happened there. 거기서 무슨 일이 있었는지 들었어요.

I learned who he is. 그가 누구인지 알았어요.

know

지식이나 경험을 통해 알고 있다 (상태)

㉶ 알고 있다, 이해하다 / ㉫ ~을 알고 있다, ~을 이해하다, ~을 알아채다

learn이 '알지 못하는 상태에서 아는 상태로의 변화'를 나타내는 반면, know는 '알고 있는' 상태를 나타냅니다.

알고 있다, 기억하고 있다

I know the answer. 저는 답을 알고 있어요.

I know nothing / everything.
저는 아무것도 몰라요/모두 알아요.

I know their faces / their names.
저는 그들의 얼굴/이름을 알고 있어요.

I know who he is. 저는 그가 누구인지 알고 있어요.

I know how to do it. 저는 그것을 어떻게 하는지 알고 있어요.

알아채다, 자각하다, 확신하다

He knows the news.
그는 그 소식을 알고 있어요.

He knows that she won't come.
그는 그녀가 오지 않는다는 사실을 알고 있어요.

She knows that it will take time.
그녀는 시간이 걸릴 것임을 알고 있어요.

He came to know the fact. 그는 그 사실을 알게 됐어요.

ONE-UP! 그 밖에 '배우다', '알다'를 표현하는 동사

- learn이 '모르는 상태에서 아는 상태로 변화'하는 것을 나타내듯이 **realize** 역시 '변화'를 의미합니다. '몰랐던 것을 깨닫거나 이해하게 된 상태로 변화'하는 것을 뜻합니다.

  I realized why she left.
  저는 그녀가 왜 떠났는지 깨달았어요.

- '배우다'를 뜻하는 learn은 지식이나 기능을 향상시킨다는 의미지만, 어렵지 않게 할 수 있게 되는 행위, 즉 '습득하다'를 표현할 때 **master**를 씁니다.

  You can't master tea ceremony in a year.
  다도를 일 년 안에 습득할 수는 없어요.

- '알고 있는' 상태는 be aware of로 표현하고, realize와 마찬가지로 '변화'를 나타낼 때는 **become aware of**를 씁니다. realize는 순간 알아채는 의미를 포함하지만, become aware of는 시간을 거쳐 알게 되는 것을 의미합니다.

  We slowly became aware of the fact.
  우리는 그 사실을 천천히 알게 되었어요.

- **notice** 역시 '알아채다', '알다'를 뜻합니다. 보거나 듣거나 만지는 등 주로 감각을 통해 알게 될 때 notice를 쓰지요.

  He noticed that something was wrong with the engine.
  그는 엔진에 문제가 생겼음을 알아챘어요.

- '발견하다'라는 뜻의 **find**에는 연구 등을 통해 '알아내다', '알다'라는 뜻도 있습니다.

  How did you find my phone number?
  어떻게 제 전화번호를 알아내셨어요?
  I found a way to make learning fun.
  학습을 재미있게 만드는 방법을 알아냈어요.

동사와 목적어의 Collocation

'열다', '닫다'는 어떻게 말할까?

'우산을 쓰다'를 '우산을 펼치다'라고 말할 수도 있지요. 이런 발상의 전환이 가능하다면, 영어 말하기가 한결 수월해집니다. open, close의 뜻과 함께 목적어가 되는 표현들도 살펴봅시다.

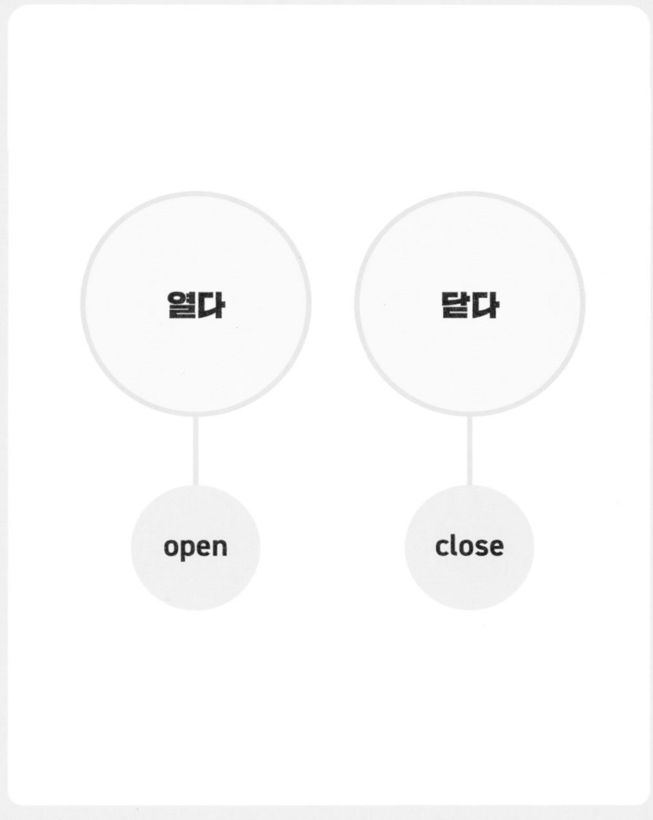

open

방해물이 없는 상태로 만들다, 양 끝이 떨어진 상태로 만들다

㉶ 열리다, 시작되다, 펼치다 / ㉺ ~을 열다, ~을 시작하다, ~을 펼치다

열다, 열리다, 눈을 뜨다, 입을 벌리다

open a door / a gate
문/정문을 열다

open a window / a curtain
창문을 열다/커튼을 걷다

open a drawer
서랍을 열다

open a bottle
병을 열다

open a box / a package / my mail
상자/소포/우편물을 개봉하다

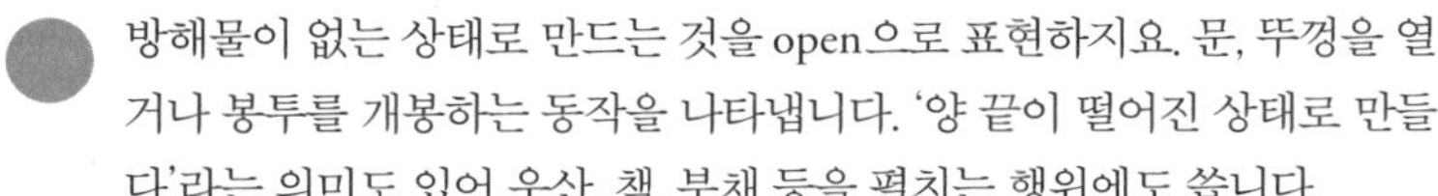

방해물이 없는 상태로 만드는 것을 open으로 표현하지요. 문, 뚜껑을 열거나 봉투를 개봉하는 동작을 나타냅니다. '양 끝이 떨어진 상태로 만들다'라는 의미도 있어 우산, 책, 부채 등을 펼치는 행위에도 씁니다.

열다, 펼치다

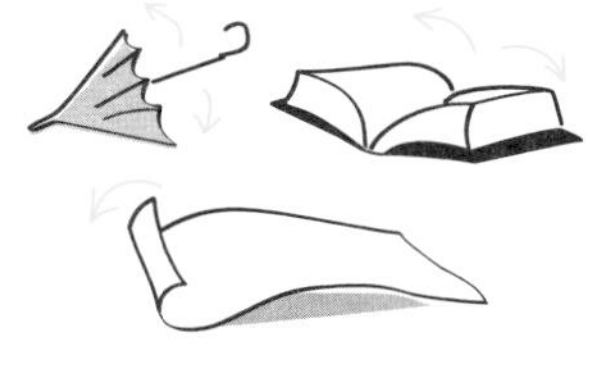

Open your book to page 5.
5쪽을 펼치세요.
open a file 파일을 열다
open a fan 부채를 펼치다
open an umbrella 우산을 펼치다
open a map 지도를 펼치다
He opened his arms. 그는 양팔을 벌렸어요.
Flowers / Buds opened. ㉧ 꽃이 피었어요. / 꽃봉오리가 열렸어요.

시작되다, 사업이나 모임을 시작하다

He opened a business.
그는 사업을 시작했어요.
Let's open the party with a toast to our team.
우리 팀의 건배로 파티를 시작합시다.
Baseball season finally opened.㉧
마침내 야구 시즌이 시작됐어요.
The shops open at 10:00.㉧ 가게는 10시에 문을 열어요.

(계좌, 지점 등을) 개설하다

I opened a bank account.
은행 계좌를 개설했어요.
open an office 사무실을 열다

관용구

She **opened her eyes to** the fact that there are a lot of things to do.
그녀는 해야 할 일이 많다는 사실을 깨달았어요.
The news **opened her eyes to** the fact.
그 소식은 그녀의 눈을 그 사실로 향하게 했어요.

close

끝과 끝이 가까워지게 하다, 틈을 없애다

㉶ 닫히다, 끝나다, 다가오다 / ㉹ ~을 닫다, ~을 폐쇄하다, ~을 끝내다, ~을 메우다

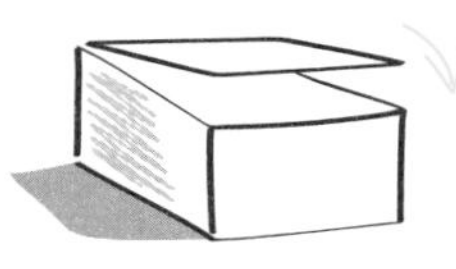

close는 open과 반대로 통하는 것을 방해하기 위해 '틈을 좁히다', '닫다'라는 뜻입니다. 완전히 닫는지 아닌지는 상관없이 '조금만 닫다'로도 표현할 수 있습니다. 우산을 접거나 책을 덮을 때, 가게가 문을 닫을 때도 씁니다.

닫다, 닫히다

She closed the door / the gate / the window / the curtain.
그녀는 문/대문/창문/커튼을 닫았어요.

She closed the drawer.
그녀는 서랍을 닫았어요.

Close your mouth / your eyes.
입을 다물어요. / 눈을 감으세요.

열쇠를 잠그는 동작에는 lock을 씁니다. 문 등을 재빠르게 닫는 이미지를 떠올리게 하는 shut은 '닫은 상태'에 초점을 두는 말이므로, close처럼 '조금만 닫다'로는 쓸 수 없으며 완전히 닫는 행위를 나타냅니다.

우산·책을 덮다

close a file / a book
파일/책을 덮다
close an umbrella
우산을 접다

시설 등을 폐쇄하다, 폐업하다, 모임·활동을 끝내다

close a store / a school
폐점하다/폐교하다
close a museum / a factory
박물관/공장을 폐쇄하다

close a road / the border
길/국경을 봉쇄하다
close the meeting 회의를 끝내다

좁히다, 줄이다, 상처를 봉합하다

It's important to close the gap between the rich and the poor.
빈부의 격차를 줄이는 것이 중요해요.

In the training course, we learned how to close a wound.
강습에서 상처를 봉합하는 방법을 배웠어요.
The walls close in on me.
벽과의 거리가 좁혀지고 있어요.

관용구

up과 down을 쓰면 '완전히'라는 의미를 덧붙일 수 있습니다.
The railroad line **closed down.** 그 철도 노선은 폐쇄되었어요.
He **closed up** the window. 그는 창문을 닫았어요.
He **closed up** his shop earlier today.
그는 오늘 가게 문을 일찍 닫았어요.

ONE-UP! 그 밖에 '열다', '닫다'를 표현하는 동사

- open은 넓은 의미로 쓰이지만, 특히 선물 등의 포장지를 풀어보는 동작은 **unwrap**을 씁니다.

  The child unwrapped his gift.
  아이는 선물을 풀어봤어요.

- 접는 동작을 표현하는 fold의 반대어 **unfold**는 접힌 것을 펼치는 행동을 나타냅니다.

  The leader unfolded the map.
  리더는 지도를 펼쳤어요.

- '꽃봉오리가 열리다', 즉 '피다'를 표현할 때는 open뿐만 아니라 **bloom**도 쓸 수 있습니다.

  The flowers are blooming.
  꽃이 피고 있어요.

- 파티나 모임 등을 '열다'는 **hold** 혹은 **give**로 표현합니다.

  She is going to hold / give a concert.
  그녀는 콘서트를 열 예정이에요.

- close는 일반적으로 '닫다/닫히다'를 뜻하지요. 특히 '재빨리' 혹은 '단단히' 닫는 행위는 **shut**으로 표현할 수 있습니다.

  The door shut in the wind.
  문이 바람에 닫혔어요.

- 그 밖에도 '쾅 닫다/닫히다'라는 의미의 **slam**도 있습니다.

  He slammed the door angrily.
  그는 화가 나서 문을 쾅 닫았어요.

동사와 목적어의 Collocation

그 밖의 동사

우리말로 다양하게 해석되는 동사는 영어 학습을 어렵게 하는 주범 중 하나지요. 하지만 핵심적인 뜻만 잘 이해하면, 상황에 맞게 적절히 사용할 수 있습니다.

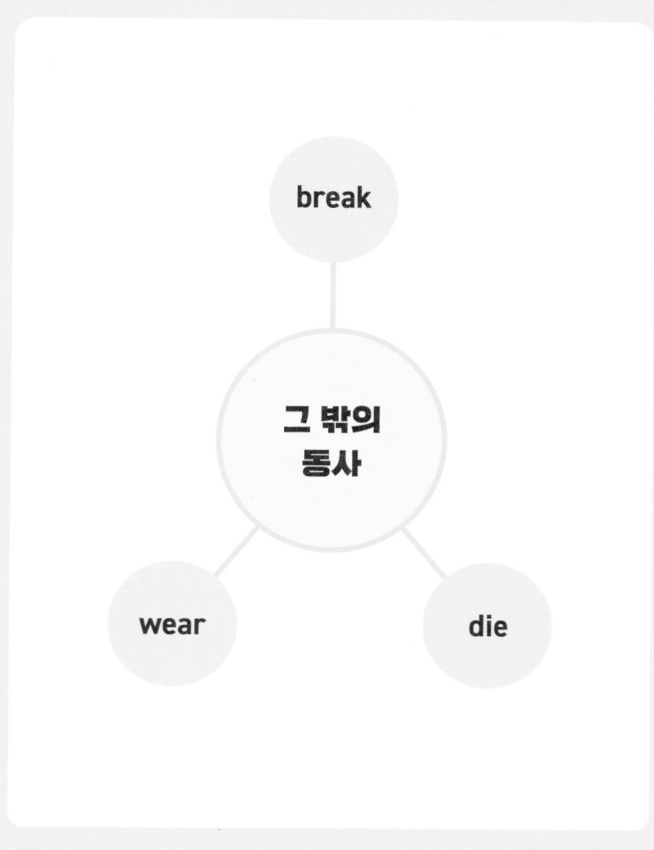

break

힘을 가해 연속체(사물, 시간, 흐름, 관계 등)를 분열시키다

㉮ 부서지다, 깨지다, 끊어지다 / ㉯ ~을 부수다, ~을 깨뜨리다, ~을 중단하다

원뜻은 '하나를 둘 이상으로 분열시키다'입니다. 대상에 따라 '깨뜨리다/깨지다', '나누다/나뉘다', '부수다/부서지다' 등으로 해석되지요. 연속성이 끊어진다는 뜻은 '지금까지 하던 동작을 하지 못하게 하다'라는 의미로 이어집니다. 그래서 '기기를 못 쓰게 만들다'를 나타내기도 하고, 시간을 분열시킨다는 의미에서 '중단하다'라는 뜻도 떠올릴 수 있지요.

물건을 부수다, 깨뜨리다, 부러뜨리다

The dog broke a glass / a vase.
개가 컵/화병을 깨뜨렸어요.

I broke my leg / my arm. 저는 다리를/팔을 부러뜨렸어요.

힘을 가해 분열시키는 동작을 뜻하는 break에 비해, cut은 예리한 도구로 자르는 동작을 나타냅니다. 잘라서 떼어놓거나 삭감하는 행위를 가리키지요. 또 화재나 전쟁이 건물 등을 완전히 파괴하는 것은 destroy로 표현하며, 재개발 등을 위해 해체하는 것은 demolish, 일부에 손상을 입히는 것은 damage로 나타냅니다.

The building was destroyed by fire.
그 건물은 화재로 파괴되었어요.

The building was damaged by the typhoon.
그 건물은 태풍 피해를 입었어요.

상태의 지속성을 끊다

I had to break the journey.
여행을 중단해야 했어요.
He finally broke the silence.
그는 마침내 침묵을 깼어요.
Let's break for lunch. ㉶
점심 먹읍시다.

법률이나 약속을 깨다, 위반하다

He broke the law.
그는 법을 어겼어요.
Never break a promise / a vow.
절대 약속/맹세를 깨지 마세요.

돌파하다, 기록을 깨다

The police broke the door open.
경찰은 그 문을 부서뜨려서 열었어요.
He told a joke to break the ice.
딱딱한 분위기를 깨기 위해 그는 농담을 했어요.
He'll break the world record.
그는 세계기록을 깰 거예요.

관용구

A fire **broke out.** 화재가 발생했어요.
A burglar **broke into** my house. 도둑이 우리 집에 침입했어요.
He always **breaks into** our conversation.
그는 항상 우리 대화에 끼어들어요.
They **broke up.** 그들은 헤어졌어요.
My car **broke down.** 제 차가 고장 났어요.
We **broke down** the budget **into** three categories.
우리는 예산을 세 가지 카테고리로 나눴어요.

wear

입거나 몸에 걸치다

㉮ 닮다, 해지다 / ㉯ ~을 몸에 걸치고 있다, ~을 입고 있다

wear는 몸에 걸치고 있는 '상태'를 나타냅니다. 몸에 걸치는 '동작'은 put on을 쓰지요. 따라서 진행형 be putting on은 몸에 걸치는 행동을 나타내지만, be wearing은 특정 상황에서 일시적으로 걸치고 있는 상태를 나타냅니다. 현재형 wear은 동작이 아니라 '뭔가를 몸에 걸치는' 그 사람의 습관을 표현합니다. 가령 '그는 늘 티셔츠를 입지만, 오늘은 넥타이를 매고 있어요'는 'He usually wears T-shirts but today he is wearing a tie.'라고 말합니다.

의복·모자·신발 등을 몸에 걸치다

wear a jacket
재킷을 입다

wear a wig
가발을 쓰다

wear gloves
장갑을 끼다

wear jeans
청바지를 입다

wear shoes
신발을 신다

wear a tie
넥타이를 매다

안경, 액세서리를 몸에 걸치다, 물건을 휴대하다

He wears glasses / contact lenses. 그는 안경을 써요/콘택트렌즈를 껴요.

I wear a ring / a watch. 저는 반지를 껴요/시계를 차요.

Drivers are required to wear a seat belt.
운전자들은 안전벨트를 해야 합니다.

In old Westerns, everyone wears a gun.
오래된 서부극에서는 모두 총을 가지고 있어요.

(탈착이 불가능한) 머리카락, 수염 등

He wears a beard. (has a beard).
그는 턱수염이 있어요.

She wears her hair short.
그녀는 짧은 머리를 하고 있어요.

She wears makeup for work.
그녀는 일하러 갈 때 화장을 해요.

Don't wear too much perfume. 향수를 너무 많이 뿌리지 마세요.

태도·표정을 하고 있다

He is wearing a smile / a frown.
그는 웃고 있어요/찡그리고 있어요.

He is wearing a serious face.
그는 심각한 얼굴을 짓고 있어요.

He is wearing a cold expression. 그는 차가운 표정을 짓고 있어요.

관용구

'입다'에서 '해지다', '닳다'의 의미까지 확장되어 쓰이는 관용구도 있습니다.

The tires were **worn flat**. 타이어가 펑크 났어요.

The coating easily **wears off**. 코팅은 쉽게 벗겨져요.

I'm totally **worn out**. 저는 완전히 지쳤어요.

die

이어져 있는 것이 끝나다

㉮ 죽다 / ㉯ ~한 죽음을 맞다

'이어져 있는 것이 끊어지다'를 뜻하는 말로, 사람이라면 '죽다', 식물이라면 '말라 죽다', 꽃이라면 '지다'로 해석합니다. 기계가 '정지하다', 배터리가 '다 되다', 불이 '꺼지다', 사랑이 '식다' 등의 의미로도 쓸 수 있습니다. 관용 표현으로 'be dying for~'(~하고 싶어 죽겠다)가 있습니다.

사람·동물이 죽다, 생명이 다하다

He died of [from] cancer.
그는 암으로 죽었어요.
These animals are dying out.
이 동물들은 멸종되고 있어요.
My father died young.
저의 아버지는 젊은 나이에 돌아가셨어요.

직접적으로 '죽다'라고 말하는 대신 pass away를 많이 씁니다. 우리말로도 '운명하다', '돌아가시다'라고 말하는 것과 마찬가지입니다. 또 전쟁이나 사고로 죽는 등 피해성이 강한 죽음에는 be killed를 쓰기도 하지요.

His wife passed away last year.
그의 부인은 작년에 돌아가셨지요.
Two people were killed in the accident.
두 사람은 사고로 죽었어요.

시들다

These flowers are dying.
꽃들이 시들고 있어요.
The lawn is dying.
잔디가 시들고 있어요.
My bonsai died.
내 분재가 죽었어요.

소멸하다

Our love will never die.
우리의 사랑은 꺼지지 않을 거예요.
The custom is dying.
풍습이 사라지고 있어요.
The fire died out.
불이 꺼졌어요.
The storm died (away).
폭풍이 잠잠해졌어요.

기능이 정지하다

The battery died.
배터리가 다 되었어요.
The engine died.
엔진이 멈췄어요.
The phone died.
전화가 안 돼요.

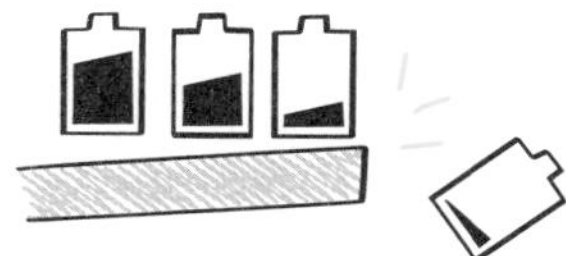

관용구

I'm **dying for** a cigarette. 담배가 피우고 싶어 죽겠어요.
I'm **dying** to see him. 그가 보고 싶어 죽겠어요.

2장

형용사

형용사에 대하여

1장에서 동사의 조합에 관해 설명했지요. 이번 장에서는 형용사에 관해 알아보도록 하겠습니다.

형용사의 의미를 우리말 해석으로만 이해하면 실수할 수 있습니다. 가령 '좁은 방'을 말하고 싶다면, 우리가 아는 '좁다'를 뜻하는 단어 narrow를 써 'narrow room'이라고 표현하겠지요. 하지만 narrow는 도로 폭이나 출입구가 '좁은' 상태를 표현하므로, 면적이나 부피를 표현하는 데는 적합하지 않습니다. 또 deep을 지면에 생긴 구멍이나 바다 등의 '깊이'를 나타내는 말로 알고 있으면, deep forest, deep fog를 이해하기 어려워집니다.

그래서 우리말 해석으로는 표현하기 어려운 형용사의 이미지를 알아야 합니다. tall과 high의 차이점 등 형용사가 지닌 원뜻의 차이를 이해하고, 각 단어를 상황에 맞게 적절하게 구사할 수 있어야 합니다. 이 장에서는 주로 형용사와 형용사를 수식하는 명사와의 조합(한정 용법)에 관해 설명하지만, 단어의 의미를 더 쉽게 이해하기 위해서 때에 따라 서술 용법의 예시도 살펴볼 생각입니다.

용어의 설명

형용사의 사용법에는 '한정 용법'과 '서술 용법'이 있습니다.

한정 용법은 명사에 붙어 명사를 수식하며 특징 등을 설명하거나 한정하는 용법입니다. 예를 들어 'It is a new book.'이라는 문장에서 명사 book에 붙어 book의 특징을 설명하고 있는 말이 바로 new라는 형용사입니다.

반면 서술 용법은 동사의 보어(C)로 쓰이는 경우를 말합니다. 'This book is new.'가 이에 해당하는데요, This book이라는 주어(S)를 new라는 형용사가 보어로서 설명하고 있습니다.

strong

힘이 센, 튼튼한

strong의 원래 뜻은 '힘이 센'입니다. 스스로 발휘하는 강력한 힘이나 tough, robust처럼 외부의 힘을 견디는 튼튼한 상태를 표현할 때도 씁니다. 의지나 감정이 강하거나 능력이 뛰어날 때, 또 맛이나 냄새가 심할 때도 쓸 수 있습니다.

힘이 센, 체력이 좋은, 튼튼한, 잘 부서지지 않는

He is a strong man.
그는 강한 사람이에요.
He has a strong body.
그는 몸이 튼튼해요.
He has strong muscles.
그는 근육이 단단해요.
a strong fabric 튼튼한 직물
strong wind 강한 바람

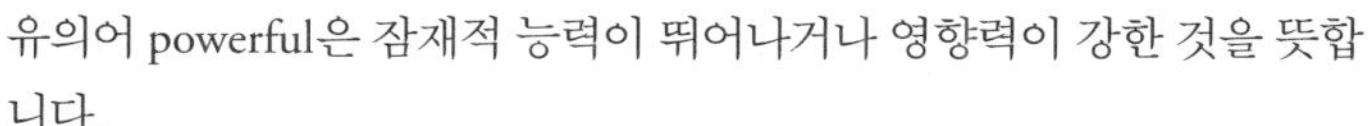

유의어 powerful은 잠재적 능력이 뛰어나거나 영향력이 강한 것을 뜻합니다.

a powerful typhoon 강력한 태풍
a powerful weapon / tool 강력한 무기/도구
a powerful politician 영향력 있는 정치인

관계·인연이 끈끈한, 강하게 이어져 있는

a strong relationship / tie 끈끈한 우정/결속
a strong link / bond 강한 유대

감정·흥미 등이 강한, 확고한, 태도·행동 등이 엄한

He has strong beliefs / determination.
그는 강한 신념/결의를 가지고 있어요.
a strong will 강한 의지
strong commitment 강력한 결의
He gained strong support. 그는 열렬한 지지를 얻었어요.
he faced strong criticism. 그는 거센 비판을 받았어요.
strong opposition 강한 반대
strong desire 강한 욕구
a strong feeling 강렬한 감정
strong influence 강력한 영향력
a strong opinion 확고한 의견
strong impression 강렬한 인상
strong demand 강경한 요구

커피가 진한, 알코올 도수가 높은, 맛·냄새가 강한

strong coffee 진한 커피
strong drink 도수가 높은 술
strong flavor 강렬한 맛 ↔ weak, mild
strong smell 강렬한 냄새

특징이 강한, 강렬한

a strong accent 강한 악센트
strong features 뚜렷한 특징
a strong character 강한 성격

weak

굽히거나 구부러진 이미지를 떠올리게 하는 단어로, strong과 반대로 외부의 힘에 대항할 힘이 없거나 발휘하는 힘이 약할 때 씁니다.

체력적으로 약한, 기관 등이 쇠약한, 부서지기 쉬운, 무른

He has a weak heart.
그는 심장이 약해요.

He has weak eyes / ears.
그는 시력/청력이 안 좋아요.

He is weak in the leg.
그는 다리에 힘이 없어요. (→ 서술 용법)

a weak bridge
내구성이 약한 다리

a weak team
약한 팀

지도자·국가·법률의 힘이 약한, 경제 등이 불안정한

He isn't a weak leader.
그는 약한 리더가 아니에요.
He is in a weak position.
그는 나약한 입장에 있어요.
weak economy / sales
불안정한 경제/저조한 판매

빛·소리 등이 희미한, 행위 등에 힘이 없는

The lamp was giving off a weak light.
램프가 희미한 빛을 내고 있었어요.
He said in a weak voice.
그는 연약한 목소리로 말했어요.
He made a weak smile.
그는 힘없이 미소를 지었어요.

음료나 액체가 묽은, 알코올 도수가 낮은

weak coffee / tea 연한 커피
weak beer 도수가 낮은 맥주
weak solution 묽은 용액

정신력이 약한, 능력·지식이 부족한

I'm weak in spelling. That's my weak point.
저는 철자에 약해요. 그게 저의 단점이죠.
I'm too weak-willed to quit smoking.
전 의지가 너무 약해 담배를 끊지 못하고 있어요.

'She has a weak mind.'는 '마음이 연약하다'라기보다 '의지가 약하다', '사고 능력이 부족하다'를 의미합니다.

heavy

무거운, 정도가 심한

'무거운'이라는 뜻의 heavy는 정도가 심하거나 양이 많을 때도 씁니다. 기분이 우울하거나 날씨가 흐릴 때, 부담·책임·문제 등으로 압박을 느끼거나 견디기 힘들 때도 쓸 수 있는 말입니다.

사물·사람이 무거운, 무게가 있는

I had to carry a heavy bag / suitcase.
저는 무거운 가방/트렁크를 옮겨야 했어요.
He lifted a heavy weight.
그는 무거운 물건을 들어 올렸어요.
My legs feel heavy.
다리가 무겁게 느껴져요. (→ 서술 용법)
a heavily built man 건장한 체격의 남자
heavy eyes 졸린 눈
a heavy cloud 짙은 구름

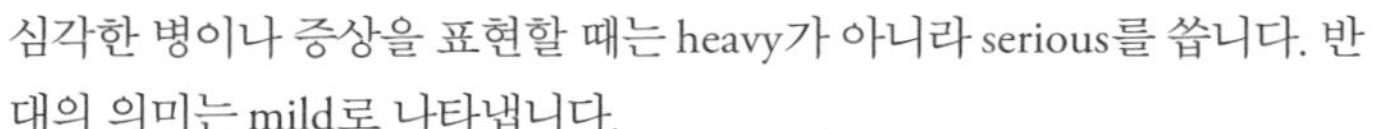

심각한 병이나 증상을 표현할 때는 heavy가 아니라 serious를 씁니다. 반대의 의미는 mild로 나타냅니다.

	병	증상
무겁다	serious disease	serious symptom
가볍다	mild disease	mild symptom

정도가 심한, 양이 많은, 강한, 심각한

There is heavy traffic on holidays.
휴일에 교통량이 많아요.
She has a heavy accent. 그녀는 악센트가 강해요.
They had heavy damage from the storm.
그들은 폭풍으로 큰 피해를 입었어요.
The flood damage was a heavy loss for the area.
홍수 피해는 그 지역에 큰 손실을 가져다줬어요.
a heavy schedule 빡빡한 일정
heavy demand 많은 수요

책임·짐 등이 무거운, 문제가 중대한

He carries a heavy responsibility.
그는 막중한 책임을 지고 있어요.
The workers did a heavy job.
노동자들은 고된 일을 했어요.
A heavy penalty / tax was imposed on them.
무거운 판결/세금이 그들에게 부과되었어요.

대량의, 심하게 ~하는 (↔ light)

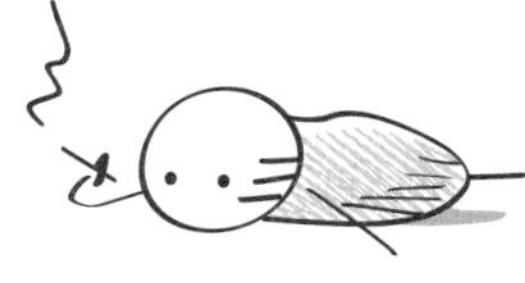

a heavy smoker / drinker 애연가/애주가
a heavy sleeper / user
잠귀가 어두운 사람/자주 사용하는 사람
heavy drinking / heavy use 과음/과용

두꺼운, 맛이 진한, 소화하기 어려운

a heavy curtain 두꺼운 커튼
heavy makeup 짙은 화장
heavy food 위에 부담이 되는 음식
a heavy sauce 맛이 진한 소스

thick

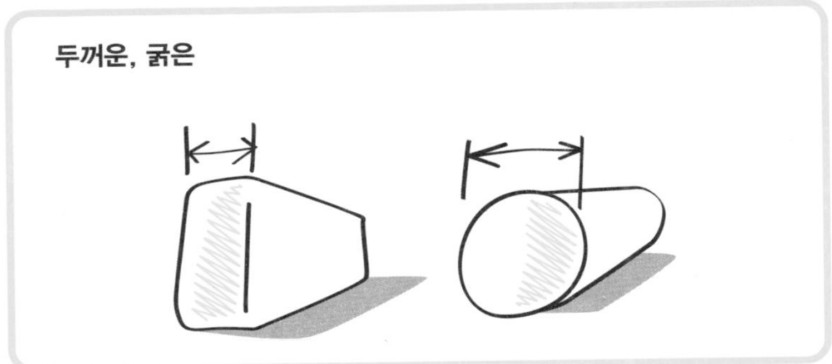

원뜻은 '두꺼운'입니다. 두께나 굵기를 표현하기도 하지만, '빽빽한', '밀도가 높은'이라는 의미로도 씁니다. '두꺼워서 속을 들여다보기 힘든' 이미지를 떠올리면, '탁한', '연기가 짙은', '밀집한'이라는 뜻도 이해할 수 있겠지요.

두께가 있는

thick glasses
두꺼운 안경
a thick board / plate / wall
두꺼운 판자/판/벽
a thick book
두꺼운 책
thick steak / bread
두꺼운 스테이크/빵
thick clouds
짙은 구름
a thick coat / sweater / blanket / carpet
두꺼운 코트/스웨터/담요/카펫

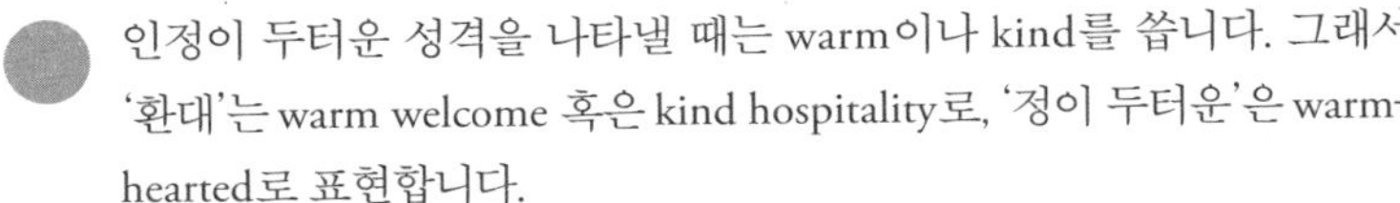

인정이 두터운 성격을 나타낼 때는 warm이나 kind를 씁니다. 그래서 '환대'는 warm welcome 혹은 kind hospitality로, '정이 두터운'은 warm-hearted로 표현합니다.

두꺼운, 굵은

a thick pencil / finger / pillar
두꺼운 연필/손가락/기둥

a thick leg / waist
두꺼운 다리/허리

a thick line
두꺼운 선

액체 농도가 진한

thick soup
진한 수프

a thick sauce / gravy
진한 소스/그레이비 소스

물·소리가 탁한

a thick voice
탁한 목소리

eyes thick with tears
눈물로 흐려진 눈

연기 등이 짙은, 나무나 사람이 밀집된

thick smoke / fog
짙은 연기/안개

a thick forest
울창한 숲

thick hair / beard
숱이 많은 머리/턱수염

thin

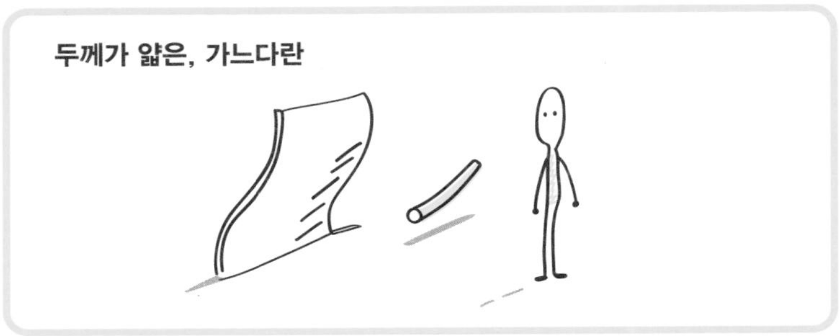

'두께가 얇은'이라는 뜻의 thin은 얇거나 가느다란 상태를 표현합니다. 또 '성긴', '드문드문한', '희박한'을 의미하기도 하지요. '두꺼워서 속을 들여다보기 힘든' 이미지의 thick과 반대라고 생각하면, thin의 다양한 의미를 이해하기가 한결 쉬울 것입니다.

두께가 얇은

thin paper / film / skin 얇은 종이/필름/가죽
thin ice / plate 얇은 얼음/판
a thin slice 얇게 썬 조각
a thin laptop 얇은 노트북
thin lips 얇은 입술

- '얇은'을 좋은 의미로 칭찬하는 경우에는 slim을 쓸 수 있습니다. 가능성이나 수익 등이 적음을 나타낼 때도 slim을 씁니다.
  a slim girl 날씬한 소녀
  a slim chance / margin 희박한 가능성 / 적은 수익
- 인정이 '적다'라는 뜻을 표현할 때는 cold나 shallow를 씁니다. 가령 '인정이 박하다'는 cold-hearted, shallow-hearted로 나타냅니다.
- '입이 짧다'를 표현할 때도 light를 써서 다음과 같이 표현합니다.
  He is a light eater. 그는 입이 짧아요.

가느다란, 야윈

a thin wire / line / needle
가느다란 선/줄/바늘
thin noodles
가느다란 국수
He has thin legs and a thin face.
그는 가는 다리와 야윈 얼굴을 하고 있어요.

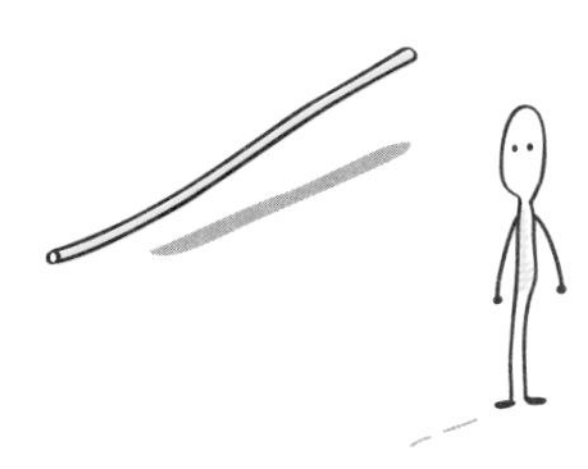

액체 농도가 묽은, 물 같은

thin soup
묽은 수프
thin liquid
묽은 액체

안개·연기가 희미한, 공기·기체가 희박한, 성긴

thin fog / air
희미한 안개/공기
He has thin hair and a thin beard.
그의 머리카락은 가늘고 턱수염은 숱이 적어요.
a thin forest
나무가 드문드문 있는 숲

그 밖의 의미

thin margin / profits
적은 수익/이익 (= slim)
a thin document
얇은 서류
a thin voice
가냘픈 목소리

heavy, thick, strong의 반의어 light

heavy		light

사물·사람·무게 등이

무거운
무게가 많이 나가는
비중이 큰

bag
weight

가벼운
무게가 적게 나가는

정도·양·강도·심각성 등이

많은
심각한

traffic
rain
snow
load
work
damage

적은
정도가 약한
심각하지 않은

많이/심하게
(~하는 사람)

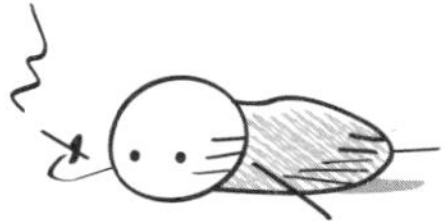

eater
smoker
drinker
user

적게/가볍게
(~하는 사람)

잠이

깊은		얕은
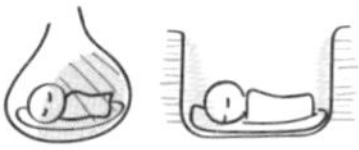	sleep	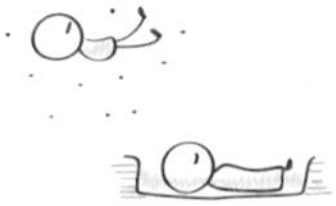

식사가

위에 부담이 되는 많은 양의 소화하기 어려운		가벼운 소화하기 쉬운
	meal food	

thick	**light**

옷 등이

두꺼운		얇은 가벼운
	coat sweater	

strong	**light**

바람이

강한		약한
	breeze wind	

light

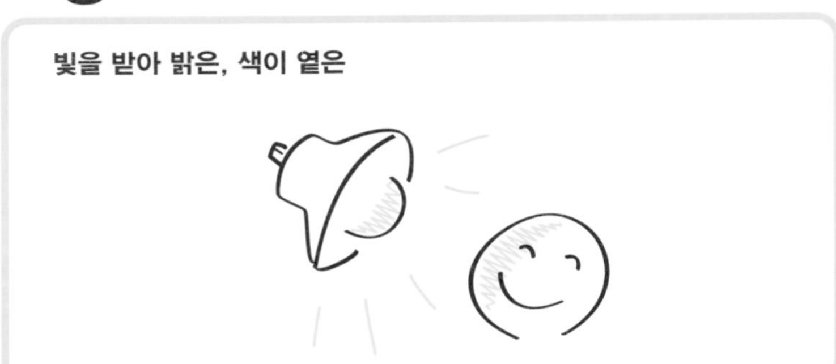

'가벼운'이라는 뜻(170쪽 참고) 외에 '밝은'이라는 의미도 있습니다.

빛을 받아 밝은

a light room 밝은 방
a light hall 밝은 복도
a light spot 밝은 장소

색이 옅은, 밝은 느낌의, 흰색의

light blue 밝은 파랑
light brown hair / light hair
밝은 갈색 머릿결/밝은 색 머릿결
light skin / complexion 밝은 색 피부/하얀 피부
light tone 밝은 색조

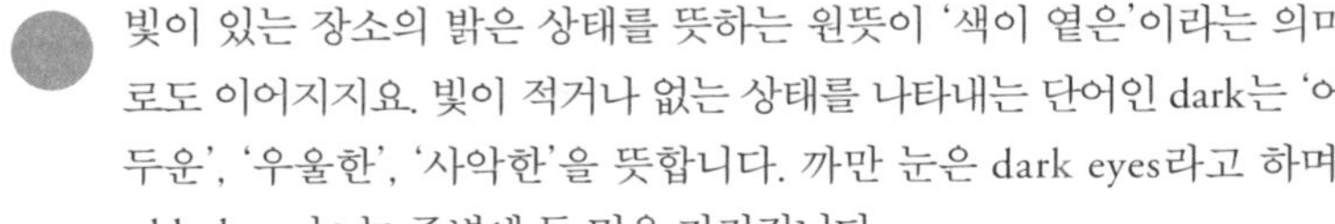

빛이 있는 장소의 밝은 상태를 뜻하는 원뜻이 '색이 옅은'이라는 의미로도 이어지지요. 빛이 적거나 없는 상태를 나타내는 단어인 dark는 '어두운', '우울한', '사악한'을 뜻합니다. 까만 눈은 dark eyes라고 하며, a black eye는 눈 주변에 든 멍을 가리킵니다.

dark

어두운, 색이 진한, 거무스름한

'밝은'을 의미하는 light의 반의어가 dark입니다.

어두운, 어둑어둑한

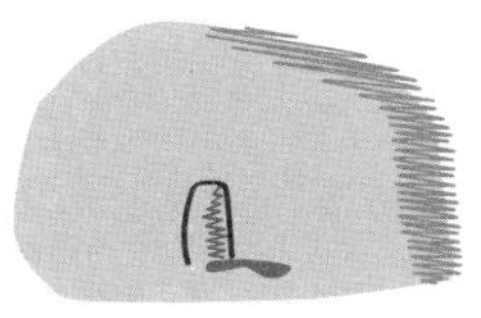

a dark room 어두운 방
a dark night 어두운 밤
a dark corner 어두운 구석

색이 진한, 사물이나 피부가 검은색인, 거무스름한

dark blue / dark brown 진한 파랑/진한 갈색
a dark suit / dress 검은색 정장/드레스
dark skin / complexion 거무스름한 피부

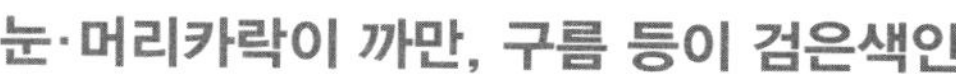

눈·머리카락이 까만, 구름 등이 검은색인

dark hair / eyes
까만 머리카락/까만 눈
dark smoke / clouds
검은 연기/먹구름
dark circles under one's eyes
눈 밑의 다크서클

high

위치상 높은 (시점이 높은 곳에 있음)

원래 뜻은 '위치상 높은'이지만, 정도·지위·품위·목소리 등이 높다고 표현할 때도 씁니다. 시점을 장소나 사물의 꼭대기에 두고 하는 말로, 이 점이 178쪽에 나오는 tall과의 차이점입니다.

높이가 높은

a high mountain
높은 산
a high wall / fence
높은 벽/울타리
a high tower
높은 탑

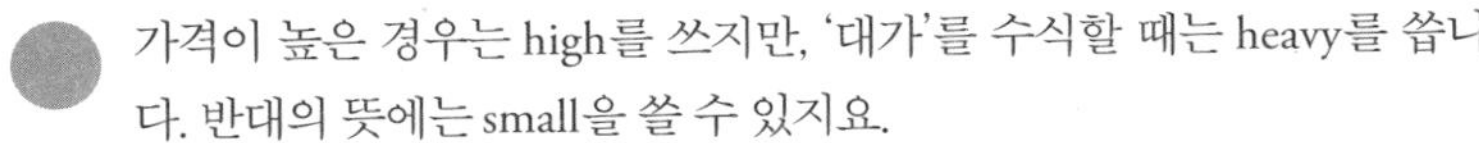

가격이 높은 경우는 high를 쓰지만, '대가'를 수식할 때는 heavy를 씁니다. 반대의 뜻에는 small을 쓸 수 있지요.

a heavy price
무거운 대가

위치가 (일반적인 경우보다) 높은 곳에 있는, 해발고도가 높은

high altitude 고지

a high ceiling / cloud
높은 천장/구름

a high window / shelf
높은 곳에 있는 창문/선반

수량·질·정도·강도·수준 등이 많거나 높은, 큰, 강한

high speed / pressure
고속/고압

high fever / temperature
고열/고온

a high level / rate / percentage / degree
높은 수준/비율/비율/정도

high possibility / risk 높은 가능성/위험성

high hopes 큰 기대

양이 많은, 가치가 높은, 금액이 높은

a high income / price / cost
고소득/비싼 가격/고비용

a high standard 높은 수준

high-quality products 질 좋은 제품

high-grade jewelry 고급 보석

a high position 높은 지위

그 밖의 의미

The high street was busy with shoppers. (=main street)
중심가는 쇼핑객들로 혼잡했어요.

He has a high forehead.
그는 이마가 넓어요.

low

위치상 낮은

공간상 위치가 낮음을 뜻하는 말로, 높고 낮음으로 표현하는 가격, 정도, 평가 등에도 씁니다. 또 세력이 약하거나 가치 있는 것의 양이 부족한 상태도 나타낼 수 있습니다.

높이가 낮은, 낮은 위치에 있는, 지면에 가까운

a low ceiling / shelf / cloud
낮은 천장/선반/구름
a low table 낮은 탁자
a low fence / mountain
낮은 울타리/산
a low bow 머리를 깊이 숙이는 인사

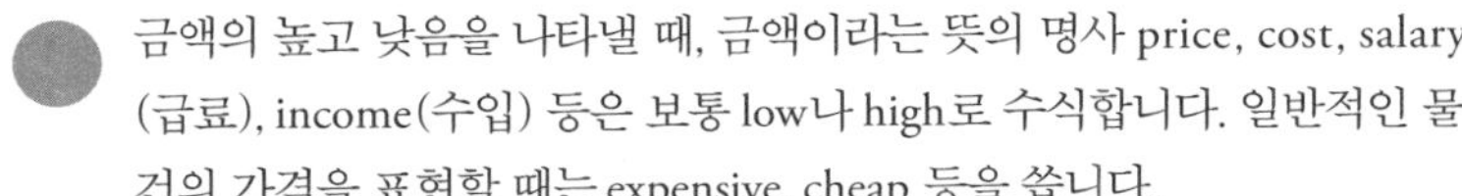

금액의 높고 낮음을 나타낼 때, 금액이라는 뜻의 명사 price, cost, salary(급료), income(수입) 등은 보통 low나 high로 수식합니다. 일반적인 물건의 가격을 표현할 때는 expensive, cheap 등을 씁니다.

a cheap car 값싼 차
an expensive camera 비싼 카메라

양이 적은, 가치가 낮은, 금액이 싼

a low income / price / cost
저소득/가격이 싼/저비용

a low temperature
낮은 기온

a low priority
낮은 우선순위

정도·수준 등이 낮은, 품질·능력 등이 좋지 않은

low-class / low-quality
낮은 수준/낮은 품질

a low rank 하위

low motivation 낮은 동기부여

a lower limit 하한선

부족한, 적은, 약한, 함유량이 적은

a low level
낮은 수준

low supply
낮은 공급

low-calorie / low-fat / low-alcohol
저칼로리/저지방/저도수

소리가 낮은 (= deep), 작은, 조용한 (= soft)

He said it in a low voice.
그는 작은 소리로 말했어요.

There was a low rumble of thunder.
천둥이 낮게 우르릉거리는 소리를 냈어요.

tall

키가 큰 (시점이 아래에서 위로 수직 방향으로 이동함)

'키가 큰'을 뜻하는 tall은 '수직 방향으로 높이 뻗어 있다'라는 의미입니다. high의 시점이 장소나 사물의 꼭대기에 있는 데 반해, tall은 시선이 아래에서 위로 이동하는 이미지를 지닙니다. 수직 방향으로 길게 뻗어 있는 것이나 훌쭉한 것을 표현할 때 쓰는 말입니다.

높이가 높은

a tall building
높은 빌딩
a tall tree / chimney
큰 나무/높은 굴뚝
a tall statue
큰 조각상

'높은 빌딩'은 a high building이라고 말할 수도 있습니다. 아래에서 올려다보면 시점이 위쪽으로 이동하므로 tall을, 내려다보면 시점이 꼭대기에 있으므로 high를 씁니다. 반대로 키가 작거나 시점이 이동할 정도의 길이가 없는 것을 표현할 때는 반의어인 short나 low를 쓸 수 있습니다. (a short / low building)

호리호리한, 세로로 긴

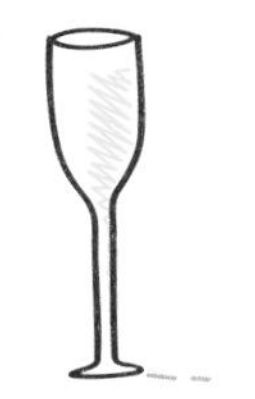

a tall glass
길쭉한 유리잔
tall grass
키가 큰 풀
a tall column
기다란 기둥

키가 큰

a tall woman
키가 큰 여성
How tall are you?
키가 얼마나 되세요? (→ 서술 용법)
I'm 170cm tall.
저는 170센티미터입니다.

키가 큰 사람은 tall로 표현하지만, 시점이 수직 방향으로 이동하기 어려운 아기의 경우에는 long을 써서 'The baby is 50cm long.'이라고 말합니다. 키가 큰 모양은 tall로 나타내지만, 명사인 '신장'은 height라고 하지요. 신장은 시점이 꼭대기에 있으므로 high의 명사형을 쓰는 것입니다.

short

'길이나 시간이 짧음'을 나타내는 말로, '짧아서 닿지 않는'에서 '수량이 부족한'으로 의미를 확장할 수 있습니다. 좋은 의미로는 '간결한', 나쁜 의미로는 '무뚝뚝한', '퉁명스러운'을 뜻하기도 합니다.

길이가 짧은, 거리가 가까운, 단기의

a short skirt / coat
짧은 치마/코트

short hair
짧은 머리카락

a short story
짧은 이야기

a short trip / drive / vacation
짧은 여행/운전/휴가

a short distance
짧은 거리

I'm sorry for the short notice.
갑작스럽게 통보해드려서 죄송합니다.

키가 작은

a short man
키가 작은 남자
a short glass
낮은 유리잔
a short nose (a flat nose)
낮은 코

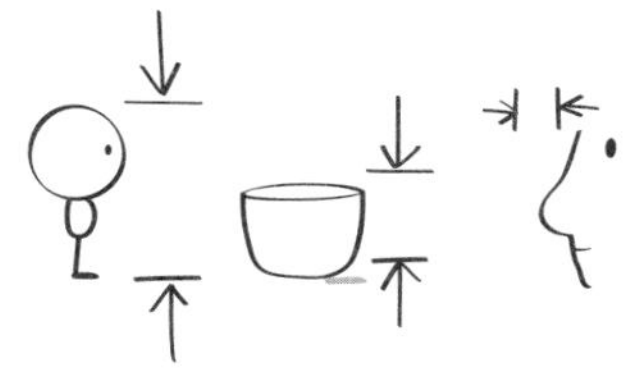

액수·양·거리 등이 부족한

We are short of money.
우리는 돈이 부족해요. (→ 서술 용법)
They fell short of my expectation.
그들은 저의 기대에 미치지 못했어요. (→ 서술 용법)
Materials are in short supply.
재료 공급이 부족해요.

간결한, 냉담한, 무뚝뚝한

He gave a short explanation.
그는 짧게 설명했어요.
to make a long story short
짧게 말하자면
in short
요약하자면 (→ short는 명사)
She is short with me.
그녀는 나를 무뚝뚝하게 대해요. (→ 서술 용법)

관용구

in the short run 단기적으로
short circuit 합선, 전기 쇼트
He has a short temper. 그는 성격이 급해요.

tall, long의 반의어 short

tall		short
	키가	
키가 큰	man boots	키가 작은
호리호리한 길쭉한	glass	작은(= low)

log		short
	(옷의) 길이가	
긴	skirt coat hair list sleeve	짧은

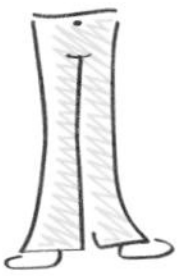

기간·시간이

긴 / 짧은

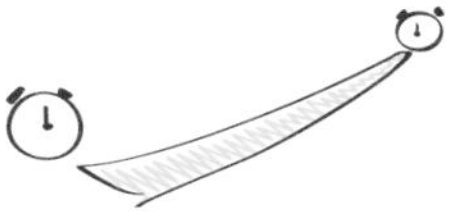

period
trip
drive
flight
vacation
stay
life

길이·거리가

긴 / 짧은

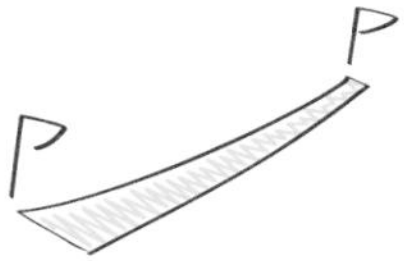

line
distance
range

키가

긴 / 짧은

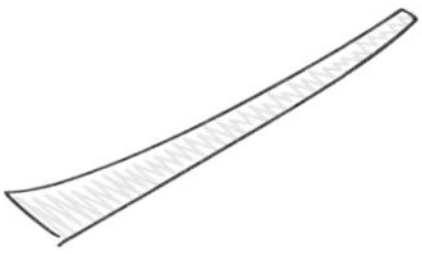

story
speech

deep

(수직 방향으로) 깊은
(수평 방향으로 안쪽까지 깊이가) 깊은

수직 방향의 깊이를 나타내는 말로, 용기 등의 크기를 넓이, 높이, 깊이로 나타내듯이 수평 방향으로 안쪽까지의 깊이도 나타낼 수 있습니다. 다시 말해 자신의 시선에서 안쪽 방향으로 얼마나 떨어져 있는지, 혹은 발밑에서 수직 방향으로 얼마나 깊은지를 표현하는 말이 deep입니다. 거리가 멀어 안쪽을 보기 힘들고 손이 닿지 않는 이미지를 떠올리면, '심오한', '심각한'이라는 뜻도 이해할 수 있습니다.

물·못·구멍 등이 깊은, 상처가 깊은

a deep river / lake
깊은 강/연못

a deep ditch
깊은 도랑

deep snow
깊이 쌓인 눈

He's got a deep wound.
그는 상처가 깊었어요.

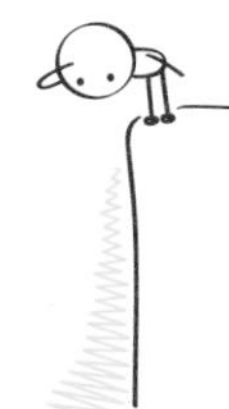

옷장·용기 등이 안쪽까지 깊은, 숲 등이 깊숙한

a deep **cupboard** 깊은 찬장
a deep **cave** 깊은 동굴
a deep **chest** 두꺼운 가슴
a deep **forest** 깊은 숲

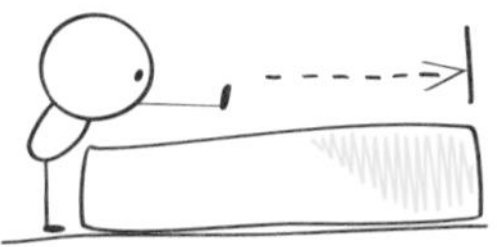

(정도가) 깊은, 심한, 진심의, 지식 등이 폭넓은

I took a deep breath. 숨을 깊게 쉬었어요.
He gave a deep sigh.
그는 깊은 한숨을 쉬었어요.
She was in a deep sleep / in deep sorrow.
그녀는 깊은 잠/깊은 슬픔에 빠졌어요.
We had a deep discussion.
우리는 심오한 토론을 했어요.
It made a deep impression on me.
그건 저에게 깊은 인상을 남겼어요.

심각한

a deep **recession** 심각한 불황
deep **trouble** 심각한 문제
a deep **crisis** / **loss** 심각한 위기/손실
deeply **rooted**
깊게 뿌리내린 (→ deeply는 부사)

그 밖의 의미

a deep **voice** 굵은 목소리
deep **red** 진한 빨강
deep **trust** 깊은 신뢰

large

large와 big은 둘 다 '큰'이라는 뜻을 나타내지요. 그래서 두 표현 중 어느 것을 써도 되는 경우가 많습니다. 다만 large는 객관적으로 봤을 때, 물리적 크기가 큰 상태를 나타냅니다. 반면 '느낌상 크다'와 같이 주관이나 감정의 요소까지 포함하여 말할 때 쓸 수 있는 일상적인 단어가 big이지요. (188쪽 참고)

크기·규모·정도가 큰, 면적이 넓은 (↔ small)

a large house 큰 집
a large family 대가족
a large city 대도시
a large garden 큰 정원
A large portion of the population lives in rural areas.
인구의 상당수가 시골에 살아요.

수량·액수가 많은 (↔ small)*

a large amount of data
대량의 데이터

a large number of products
다수의 제품

The city has a large population.
그 도시는 인구가 많아요.

*이 의미의 대체어로 big은 쓸 수 없습니다.

대규모의

a large company
대기업

a large organization
큰 조직

a large-scale retail store
대규모 소매점

중요한, 문제가 심각한 (serious), 전반적인

a large issue / problem
큰 이슈/문제

a large role
중요한 역할

by and large
전반적으로

몸집이 큰, (에둘러서) 살이 찐

a large man / woman
몸집이 큰 남자/여자

I used to be on the large side, but then I lost weight.
예전에 전 통통한 편이었는데, 나중에 살을 뺐어요.

알아두면 쓸모 있는 영어 사전

big과 large의 비교

big	large
주관이나 감정을 포함	객관적

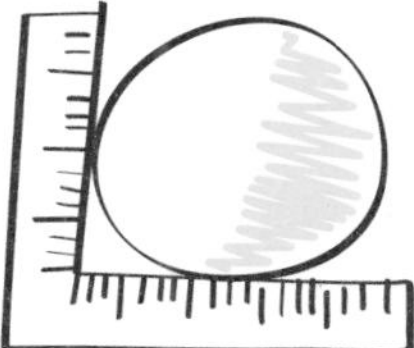

a big hit
대성공
a big difference
큰 차이
a big deal
큰 거래
a big problem
큰 문제
a big impact
큰 영향
a big business
큰 사업
a big mistake
큰 실수
big money
거금
big trouble
큰 문제
a big decision
큰 결정

a large number
다수
a large amount
대량
a large quantity
대량
a large portion
대부분

비단계형용사

형용사 중에는 '비단계형용사'라는 것이 있습니다. 이는 크고 작거나, 높고 낮은 것과 같이 정도나 단계가 존재하는 형용사와 달리, 흑과 백처럼 중간 단계 없이 이분법적으로 표현할 수 있는 형용사를 일컫습니다.

가령 difficult는 어려움의 정도 즉 난이도가 있어, 비교급과 최상급이 존재합니다. 반면 '불가능한'을 뜻하는 impossible은 '더 불가능한', '가장 불가능한'과 같은 비교급이나 최상급이 존재하지 않으며, very처럼 정도를 나타내는 부사와도 함께 쓸 수 없지요. 비단계형용사에는 다음과 같은 단어들이 있습니다.

possible 가능한
complete 완전한
male 남성의
dead 죽은
impossible 불가능한
incomplete 불완전한
female 여성의
alive 살아 있는

비단계형용사의 정도를 표현할 때는 very 대신 absolutely(전적으로), totally(완전히), completely(완전히)와 같은 부사를 씁니다.

또 다음과 같이 단어 자체에 이미 '매우'라는 의미가 포함되어 있는 형용사에도 very를 쓰지 않습니다.

excellent 매우 뛰어난
awful 아주 끔찍한
fantastic 아주 좋은
huge 아주 거대한
delicious 아주 맛있는

이와 관련하여 fun(재미있는)은 a fun game(재미있는 게임)처럼 한정 용법으로는 형용사로 쓰입니다. a very fun game은 가능하지만, 'The game was fun.'으로는 쓰지 않습니다. fun(재미)을 명사로 하여, 'The game was a lot of fun.'(그 게임은 아주 재미있어요)의 형태로는 쓸 수 있겠지요.

small

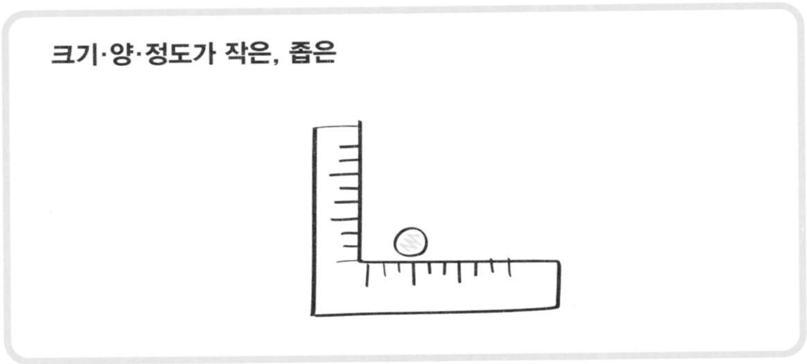

객관적으로 봤을 때, 물리적 크기가 작거나 좁을 때 small로 나타낼 수 있습니다. large와 마찬가지로 주관적·감정적 요소는 포함되지 않습니다.

작은, 소형의, 면적이 좁은

a small car / house 작은 차/집
a small town 소도시
a small family 소규모 가족
a small room 좁은 방
It's only a small portion of the problem.
그건 문제의 일부분일 뿐이에요.

little은 주관적으로 작거나 귀엽다는 의미를 나타냅니다. compact 역시 크기가 작은 것을 표현하지만, 기능 등이 조밀하게 들어 있는 상태를 나타냅니다.

a little girl 어린 소녀
a compact camera 소형 카메라

면적이 아니라 폭이 좁을 때는 narrow를 씁니다.

수량·액수가 적은, 조금의

a small amount of water
적은 양의 물
a small number of people
소수의 사람
a small population
적은 인구

소규모의

a small company
작은 회사
a small organization
작은 조직
small-scale
소규모의
a small group
작은 그룹

문제 등이 사소한, 보잘것없는

a small issue / problem
작은 이슈/문제
a small mistake
작은 실수
a small incident
사소한 사건

그 밖의 의미

make small talk
잡담을 나누다
It's a small world.
세상은 좁아요.

wide

'폭이 넓은', '끝에서 끝까지 거리가 먼'을 의미하는 단어가 바로 wide입니다. 면적·부피가 넓거나 큰 상태를 나타내는 large와는 다릅니다. '거리'를 표현하므로, 차이나 간격이 큰 것도 나타냅니다.

도로나 강의 폭이 넓은, 각도가 큰 (↔ narrow)

a wide road
넓은 도로
a wide body
넓은 몸체
a wide margin
넓은 여백
a wide angle
광각
wide vision
넓은 시야

'광범위'를 표현할 때는 large와 wide 둘 다 쓸 수 있지만, 그때도 large는 면적이 넓다는 뜻을 나타내고, wide는 각도나 폭이 넓음을 의미합니다.

범위가 넓은, 광범위하게 미치는

a wide range
광범위
a wide selection
폭 넓은 선택지
a wide view
폭 넓은 견해
wide experience
폭 넓은 경험

멀리 떨어져 있는

a wide gap
큰 격차, 큰 간격
a wide difference
큰 차이

눈·입 등이 (놀라서) 커진

He stared with wide eyes.
그는 눈을 크게 뜨고 봤어요.
He was standing with a wide-open mouth.
그는 입을 크게 벌리고 서 있었어요.

big eyes는 '크게 뜬 눈'이 아니라 외견상 '큰 눈'을 뜻합니다. a big mouth 역시 '큰 입'을 의미하지요. 또한 a big mouth에는 '수다쟁이', '허풍쟁이'라는 뜻도 있습니다.

easy

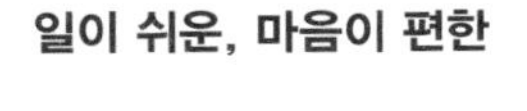

easy의 원래 뜻은 '마음이 편한'입니다. '곤란함이 없는', '노력이 필요하지 않은'이라는 의미에서 '간단한', '편안한', '느긋한'뿐만 아니라 '칠칠치 못한'이라는 뜻도 생겼습니다.

일이 간단한, 용이한

an easy question
간단한 질문
an easy test / task
간단한 시험/과제
an easy way
쉬운 방법
You have easy access to the office.
그 사무실은 가기 쉬워요.

'간단한'을 뜻하는 단어에는 simple과 brief도 있지요. simple은 complicated(복잡한)의 반의어로, 복잡하지 않은 것을 뜻합니다. 머리로 생각하면 바로 이해할 수 있는 것을 나타내지요. brief는 '간결한'이라는 뜻으로, 때에 따라서는 '무뚝뚝한'을 의미하기도 합니다.

편안한, 한가로운, 여유 있는

I'm having an easy day.
한가로운 하루를 보내고 있어요.

He spoke in an easy manner.
그는 여유 있는 태도로 말했어요.

Take it easy.
편하게 생각하세요. (→ 서술 용법)

안락한, 편한, 느긋한

an easy chair
안락의자

We had an easy journey.
우리는 안락한 여행을 다녀왔어요.

We walked at an easy pace.
우리는 느긋한 속도로 걸었어요.

사람·규칙 등이 관대한, 성격이 무른

an easy teacher
성격이 무른 선생님

He's easy on the girls.
그는 여자아이들에게 무른 성격이에요. (→ 서술 용법)

관용구

I bought a house **on easy terms.** 할부로 집을 샀어요.

difficult

difficult는 일이 복잡한 상태를 뜻하는 단어로, easy와는 반대의 의미를 지닙니다. 진중함, 사고력과 판단력, 노력이 필요한 복잡한 성질을 나타냅니다. 사람을 difficult로 표현하면, '대하기 까다로운 사람'이라는 뜻이 됩니다.

실행·이해하기 어려운

a difficult question
어려운 문제
a difficult exam / test
어려운 시험
a difficult quiz
어려운 퀴즈
a difficult puzzle
어려운 퍼즐

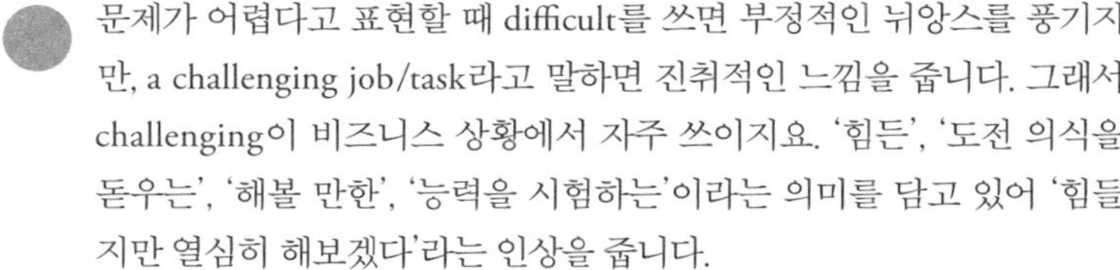
문제가 어렵다고 표현할 때 difficult를 쓰면 부정적인 뉘앙스를 풍기지만, a challenging job/task라고 말하면 진취적인 느낌을 줍니다. 그래서 challenging이 비즈니스 상황에서 자주 쓰이지요. '힘든', '도전 의식을 돋우는', '해볼 만한', '능력을 시험하는'이라는 의미를 담고 있어 '힘들지만 열심히 해보겠다'라는 인상을 줍니다.

상황·시기·일 등이 힘든, 곤란한

We're in a difficult situation / position.
우리는 힘든 상황/입장에 처해 있어요.

We are now having a difficult time.
우리는 지금 힘든 시기를 보내고 있어요.

She experienced a difficult birth.
그녀는 난산을 경험했어요.

사람이 까다로운, 대하기 어려운

a difficult person / child
까다로운 사람/아이

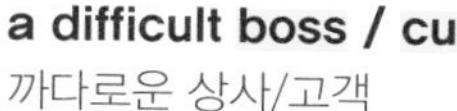

a difficult boss / customer
까다로운 상사/고객

hard

항력이 있어 단단한, 어려운

외부의 힘을 견딜 수 있는 단단한 성질을 나타냅니다. 물리적으로 견고한 성질에서 '어려운', '엄격한', '격심한', '열심히 하는' 등의 뜻을 연상할 수 있지요. 다루기 힘든 성질을 나타내는 difficult와 달리 hard는 단단해서 뭔가를 하기 힘들다는 의미로, 보통 육체적인 힘을 필요로 하는 상황에서 쓰는 경우가 많습니다.

변형·파손되기 어려울 정도로 단단한, 견고한 (↔ soft)

a hard stone / rock
단단한 돌/바위

a hard material
단단한 물질

They presented hard evidence.
그들은 확실한 증거를 제출했어요.

일·사람·행위 등이 어려운, 이해하기 힘든 (↔ easy)

a hard question
답하기 어려운 질문

a hard problem
난제

He made a hard decision.
그는 힘든 결정을 내렸어요.

It's hard to believe.
믿기 어렵네요. (→ 서술 용법)

정신적·신체적으로 힘든, 부지런한

He hates hard work.
그는 힘든 일을 싫어해요.

We went through hard training.
우리는 힘든 훈련을 거쳤어요.

Don't do hard exercise.
힘든 운동은 하지 마세요.

생활이 힘든, 괴로운

I'm having a hard time.
전 힘든 시기를 보내고 있어요.

It's a hard day.
힘든 하루네요.

He had a hard life.
그는 힘겨운 생활을 하고 있어요.

강렬한, 정도가 심한

He gave me a hard slap / blow / push.
그는 저를 강하게 때렸어요/밀쳤어요.

He used to be a hard drinker.
그는 술고래였어요.

tight

빈틈없이 조여 틈이 없는

tight는 '빈틈없이 조여 틈이 없는' 상태를 나타냅니다. 여지나 여유가 없어 '빈틈이 없는', 물도 새지 않는 '촘촘한', 다른 일정을 넣을 수 없을 정도로 '바쁜', 여유 없는 표정의 '경직된'을 표현하는 말입니다.

옷 등이 꼭 끼는 (↔ loose), 답답한 (↔ easy)

This suit is a tight fit.
이 정장은 딱 붙게 입는 스타일이에요.

a tight shirt / belt
꼭 끼는 셔츠/벨트

tight shoes
꼭 끼는 신발

나사·뚜껑이 단단히 고정된, 틈이 없어 새지 않는

a tight knot
단단한 매듭

a tight screw
단단하게 조인 나사

a tight container
밀폐 용기

a tight bond 끈끈한 관계

엄한, 엄중한, 여유가 없는

tight control / security
엄격한 관리/보안

a tight budget
빠듯한 예산

a tight schedule / deadline
여유 없는 일정/기한

a tight connection
여유 없는 환승

a tight situation
힘든 상황

표정·목소리가 엄한, 경직된

a tight smile
딱딱한 미소

a tight voice
경직된 목소리

a tight expression
경직된 표정

급한, 커브가 심한

a tight turn
급커브

a tight spin
급회전

a tight corner
궁지

그 밖의 의미

a tight game / match
접전

fast

빠른, 진행 속도가 빠른

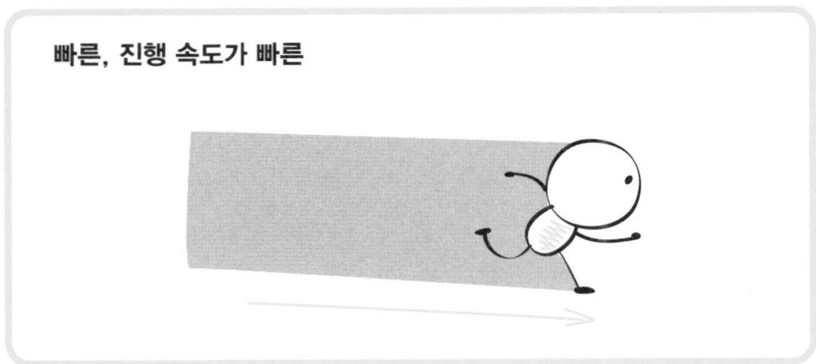

원래는 '단단히 고정된'을 의미하던 fast는 '빠른'을 뜻하는 말로 발전했습니다. 따라서 fast는 지속·계속적인 동작이나 운동의 속도가 빠른 상태를 표현하지요.

속도가 빠른

a fast car / train
빠른 차/기차

a fast horse / runner
빠른 말/주자

a fast speaker
말을 빨리 하는 사람

fast growth
빠른 성장

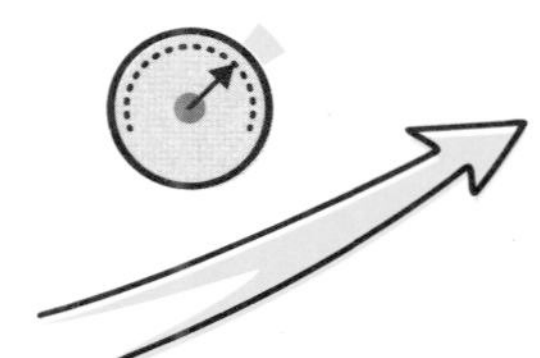

quick

걸리는 시간이 짧은, 빠른

quick은 걸리는 시간이 짧다는 의미의 '빠른'을 말합니다. 날렵하고 민첩하다는 의미의 '빠른'을 나타내어 일이 빨리 진행되는 모양을 표현합니다.

재빠른

a quick reply / response
빠른 답변/응답

a quick answer
빠른 대답

quick action
빠른 조치

a quick worker
일을 빨리 하는 사람

a quick lunch
간단한 점심

have a quick look
한눈에 보다

sharp

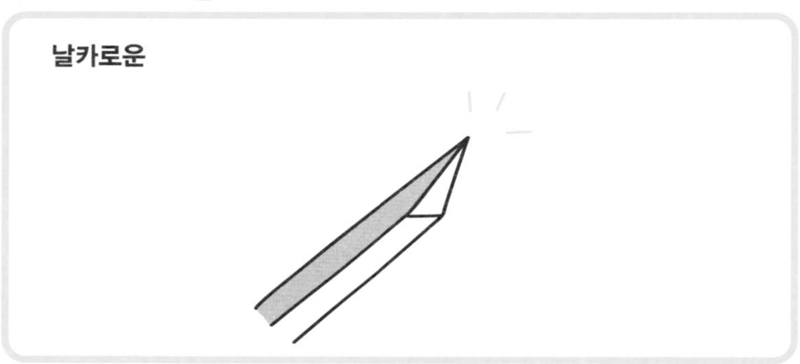

'날카로운'을 뜻하는 sharp은 칼 등이 잘 드는 상태를 비유적으로 나타내 '예민한', '통증이 심한', '선명한' 등의 의미를 표현합니다. 각도가 예리하다는 의미에서 파생되어 '가파른', '급격한'을 뜻하기도 합니다.

칼이 잘 드는, 뾰족한

a sharp knife / edge / blade
예리한 칼/칼날

a sharp tooth
뾰족한 이

a sharp pencil
뾰족한 연필

a sharp corner
급커브

머리가 좋은, 영리한

a sharp mind
날카로운 지성
a sharp eye
날카로운 눈매
sharp insight
날카로운 통찰력

분명한, 뚜렷한, 선명한

sharp contrast / image
뚜렷한 대조/이미지
a sharp focus
예리한 초점
sharp memory
정확한 기억력
a sharp difference
선명한 차이

통증·감정이 심한, 맛·냄새가 자극적인

a sharp pain
날카로운 통증
a sharp taste
자극적인 맛
a sharp wind / cold
몸을 베는 듯한 바람/추위

변화·상승·하락이 급격한

a sharp drop / decline
급락
a sharp rise / increase
급상승

busy

여유가 없을 만큼 바쁜

'바쁜'으로 해석되는 busy는 뭔가가 '가득 차 있는' 이미지를 떠올리면 뜻을 이해하기 쉽습니다. 사람이나 차가 밀집되어 있는 상황이나 할 일이 가득 차 있는 상태, 글자나 무늬가 어수선하게 뒤섞인 모양을 표현할 수도 있습니다.

할 일이 많아 바쁜

Don't ask a busy person to do such a thing.
바쁜 사람에게 그런 일을 부탁하지 마세요.

I'm too busy to talk right now.
너무 바빠서 지금 당장은 이야기할 수 없겠어요. (→ 서술 용법)

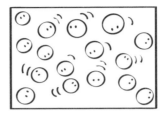

틈이 없는, 생활이 바쁜

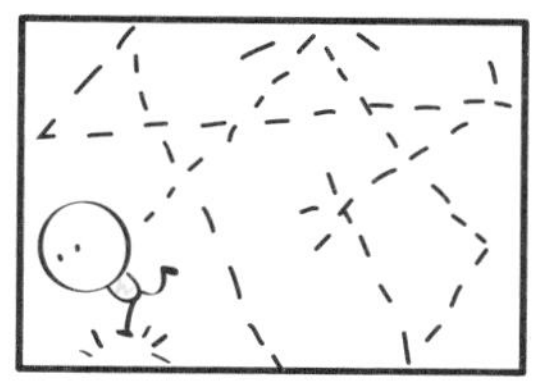

a busy schedule
바쁜 일정
busy days
바쁜 나날
a busy life
바쁜 생활

장소가 번화한, 혼잡한

a busy street / road
번화한 거리/길
a busy town 번화한 도시
a busy restaurant 혼잡한 식당
a busy airport 혼잡한 공항
The line is busy.
통화 중입니다. (→ 서술 용법)

모양·무늬·문자가 어수선하게 뒤섞인

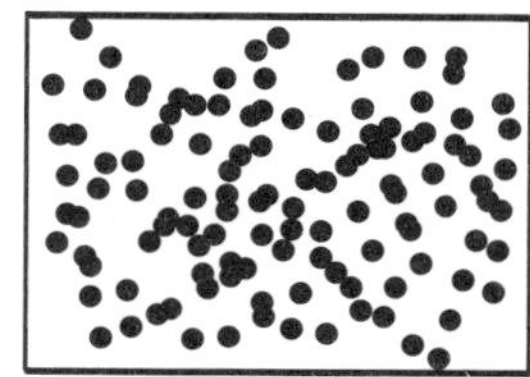

a busy chart
어수선한 도표
a busy pattern
요란한 무늬

관용구

She is **busy with** household chores. 그녀는 집안일로 바빠요.
She is **busy** preparing for the exam.
그녀는 시험을 준비하느라 바빠요.

empty

empty는 '안에 아무 것도 없는' 상태를 나타냅니다. 용기에 아무것도 들어 있지 않을 때, 방이나 특정 장소에 아무도 없을 때 쓰며, '무의미한', '공허한'을 뜻하기도 합니다.

빈, 용기 안에 아무것도 없는

an empty room 아무도 없는 방
empty space 빈 공간
an empty box / bottle 빈 상자/병
an empty table 빈 테이블
I have an empty stomach. 전 공복이에요.

비슷한 의미의 vacant는 '쓰이지 못하고 비어 있는'이라는 의미로, vacant house는 '(사람이 살고 있지 않은) 빈집', vacant room은 '공실'입니다. 그에 비해 empty house / room은 '(아무도 없는) 빈집 / 빈방'이라는 뜻입니다. 직책이나 지위가 공석일 때는 open으로, 회의실 등이 비어 있어 사용 가능한 상태일 때는 available로 나타낼 수 있습니다.

Is that position still open? 그 자리는 아직도 공석인가요?
Are there any rooms available?
사용할 수 있는 방이 있나요? (→ available의 어순은 211쪽 참고)

드문드문한, 부족한

The street is empty of people.
거리에 사람이 없어요. (→ 서술 용법)
That food has empty calories.
그 음식은 영양가가 없어요.

공허한, 말뿐인, 무의미한

His threats were no more than empty words.
그의 위협은 공허한 말뿐이었어요.

He made an empty promise.
그는 공허한 약속을 했어요.
I felt an empty feeling.
전 공허함을 느꼈어요.

허무한, 얼빠진

She had empty eyes.
그녀는 얼빠진 눈을 하고 있어요.
an empty tone (of voice / look)
얼빠진 목소리/표정
She felt empty.
그녀는 허무감을 느꼈어요. (→ 서술 용법)

관용구

I'm empty. 전 공복이에요.
I have an empty purse. 전 빈털터리예요.

형용사와 명사의 순서 : 후치 수식

형용사는 일반적으로 명사 앞에 오지만, 수식어구를 명사 뒤에 쓰는 경우도 있습니다. 이런 방식을 후치수식이라고 하지요.

우리말에서는 명사를 수식하는 어구를 반드시 명사 앞에 씁니다. 명사를 사람에 비유하면, 형용사는 뒤에서 미는 수레에 실린 짐이라고 볼 수 있지요.

영어에서는 가벼운 표현(단어)은 앞에 붙지만, 여러 단어로 된 무거운 표현(구나 절)은 뒤에 붙습니다.

관계대명사절이나 현재분사구, 과거분사구, 형용사용법의 to부정사 등이 뒤에 붙는 예입니다.

a man who plays the guitar (관계대명사절) 기타 치는 남자
a boy standing there (현재분사구) 거기 서 있는 소년
a car made in South Korea (과거분사구) 대한민국에서 만든 차
a man from South Korea (전치사구) 대한민국에서 온 남자
a place to live (to부정사) 살 곳

형용사 뒤에 구가 이어지는 경우에도 명사 뒤에 붙습니다.

a TV program suitable for children 아이들에게 적합한 TV 프로그램
a glass full of milk 우유로 가득 찬 컵
a car similar to mine 내 차와 비슷한 차
a flower unique to South Korea 대한민국 고유의 꽃

한 단어지만 뒤에서 수식하는 경우도 있습니다.

① -thing, -one 등을 수식하는 경우

something different 다른 것
someone new 새로운 사람
anything wrong 잘못된 것

② available 등 -able, -ible로 끝나는 형용사가 최상급이나 all, every 등의 의미를 강조하는 경우

all the information available 얻을 수 있는 모든 정보
the only room available 이용할 수 있는 유일한 방
the only thing visible 볼 수 있는 유일한 것
the shortest way possible 이용 가능한 가장 빠른 길

단, available은 강조하지 않는 경우에도 뒤에 붙는 것이 자연스럽습니다.

③ '일시적'이라는 의미를 내포하는 경우

일시적이라는 의미를 담고 있는 경우에도 뒤에서 수식하는 경향이 있습니다. 따라서 형용사를 앞에 쓸 때와 뒤에 쓸 때 뜻이 달라지기도 합니다.

the visible star 눈에 보이는 별
the star visible 일시적으로 보이는 별
present members 현 회원들
members present 참석한 회원들

④ 서술 용법으로만 사용되는 형용사를 쓰는 경우

afraid, aware, awake, alive, asleep, unable 등의 형용사는 서술 용법으로만 씁니다. 한정 용법으로는 쓰지 않으므로, 명사 앞에 둘 수 없습니다. 서술 용법이자 관계대명사가 생략된 표현이라고 생각하면, 이해하기 쉬울 것입니다.

a baby asleep (= a baby who is asleep) 자고 있는 아기
the luckiest man alive 세상에서 가장 운이 좋은 남자

good

좋은

'좋은'이라는 뜻을 지닌 good은 '적합한', '편리한' 등을 의미하기도 합니다.

양호한, 뛰어난, 호감을 주는

That's a good idea.
좋은 생각이에요.

I have good news.
좋은 소식이 있어요.

We had a good time.
우리는 좋은 시간을 보냈어요.

I built a good relationship with him.
그와 좋은 관계를 맺어왔어요.

적당한, 적절한

The room was a good size for 2 people.
그 방은 두 사람이 지내기에 적당한 크기예요.

When's a good time for you?
언제가 편하신가요?

The library offers a good environment for studying.
도서관은 공부하기에 적절한 환경을 제공해줘요.

충분한, 큰

I had a good sleep. 충분히 잤어요.
I had a good rest. 충분히 쉬었어요.
We had a good laugh. 우리는 크게 웃었어요.
It's a good distance from here.
여기서 꽤 멀어요.
a good profit / income 큰 이익/수입
good money 큰돈
There is a good chance. 가능성이 충분히 있어요.
a good deal of damage 큰 피해

타당한, 설득력 있는

I have a good reason / excuse.
타당한 이유/그럴 듯한 구실이 있어요.
a good argument 설득력 있는 주장
good judgment 현명한 판단

가치 있는, 우량한

My car sold at a good price.
차를 좋은 값에 팔았어요.
a good investment
유리한 투자
a good debt
회수 가능한 빚

관용구

He was **as good as** naked then. 그때 그는 벌거숭이와 다름없었다.
I'm good. (뭔가를 권유받았을 때) 전 괜찮아요. (→ 서술 용법)

rich

원하는 것이 풍부한

rich의 원뜻은 '강점을 자랑하다'입니다. 경제적 풍요로움뿐만 아니라 물건이나 돈이 많은 상태, 원하는 것이 풍부하게 있는 상태를 나타냅니다. 맛·빛깔·향기가 '진한', 음식에 '영양이 풍부한', '농후한'이라는 뜻도 있습니다. 마음이 풍요로울 때도 rich를 쓰지요.

유복한, 부유한, 돈이 많은

a rich country / nation
부유한 국가
a rich man / rich people
부자
a rich family
유복한 가족

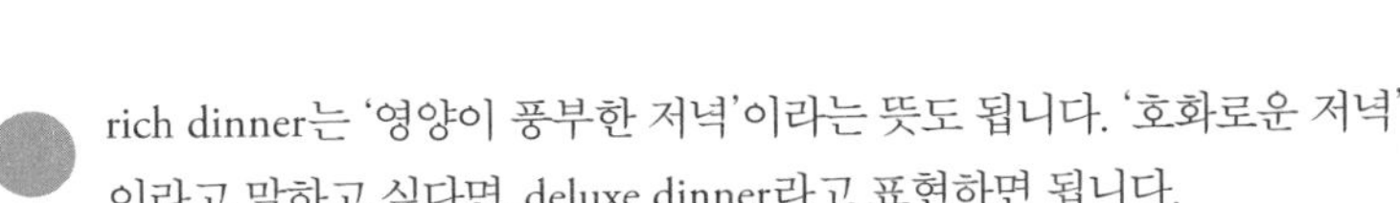

rich dinner는 '영양이 풍부한 저녁'이라는 뜻도 됩니다. '호화로운 저녁'이라고 말하고 싶다면, deluxe dinner라고 표현하면 됩니다.

양이 풍부한, 풍요로운, 영양가 높은

rich in experience / information
경험/정보가 풍부한
rich harvest
풍작
rich food
영양이 풍부한 음식, 칼로리가 높은 음식

향·색·맛 등이 진한, 선명한, 깊이 있는

a rich flavor
풍부한 맛
rich wine
풍미가 진한 와인
a rich smell / a rich taste
진한 냄새/맛

음식의 맛이나 색이 진한, 농후한

rich chocolate cake
칼로리 높은 케이크
a rich sauce / soup
진한 소스/수프

(–rich의 형태로) ~이 풍부한

protein–rich food
단백질이 풍부한 음식
vitamin–rich juice
비타민이 풍부한 주스
oil–rich countries
석유가 풍부한 국가들

poor

필요한 것이 부족한

rich와 반대로 원하는 것이 부족한 상태를 나타냅니다. 'be good at~'(~을 잘하다)의 반대는 'be poor at~'(~을 못하다)이지요. 가난하여 '불쌍한'이라는 뜻도 있습니다.

경제적으로 가난한, 빈곤한

a poor country / nation
가난한 국가

a poor man / poor people
가난한 사람

a poor family
가난한 가족

빈약한, 불충분한, 부족한

poor quality 나쁜 품질

poor performance 부진한 실적

poor condition 안 좋은 상태

poor soil 메마른 땅

I have a poor appetite.
식욕이 없어요.

I have poor vision.
전 시력이 나빠요.

I have poor knowledge.
전 지식이 부족해요.

Our country is poor in natural resources.
우리나라는 천연 자원이 부족해요. (→ 서술 용법)

잘하지 못하는, 능력이 안 좋은

I have poor health.
전 건강 상태가 나빠요.

I have a poor memory.
전 기억력이 안 좋아요.

a poor student
성적이 나쁜 학생

I'm poor at spelling.
전 철자에 약해요. (→ 서술 용법)

I have poor handwriting. 전 악필이에요.

불쌍한, 불행한

a poor boy / dog
불쌍한 소년/개

a poor victim
불쌍한 희생자

You poor thing!
정말 불쌍하네요!

fresh

갓 만든: 신선한, 만들어진 지 얼마 안 된

'갓 만들어진 상태 그대로'를 의미하는 말입니다. 채소나 생선이 '신선한'이라는 뜻으로 잘 알려져 있지만, '갓 만든', '갓 구운' 등을 나타낼 수도 있다는 점을 알아둬야 합니다. 즉 '팔팔한' 것뿐만 아니라 '말랑말랑하고 따끈따끈한' 이미지와도 연결 지어 기억해둡시다.

신선한, 싱싱한

fresh fish / meat 신선한 생선/고기
fresh milk / fruit 신선한 우유/과일
fresh eggs 신선한 계란
fresh flowers 싱싱한 꽃

새로운

fresh information 새로운 정보
fresh blood 새로운 인재

'신형의', '새 제품의' 등을 뜻할 때는 new를 씁니다.

I bought a new car.
새 차를 샀어요.

갓 만든, 갓 구운, 갓 끓인

fresh toast / pie
갓 구운 토스트/파이

fresh coffee
갓 내온 커피

a fresh footprint
방금 찍힌 발자국

fresh paint
갓 칠한 페인트

오염되지 않은, 상쾌한

fresh air
신선한 공기

fresh water
신선한 물

fresh clothes
깨끗한 옷

Let's make a fresh start.
새롭게 시작해봅시다.

미숙한, 경험이 없는

He is fresh out of college.
그는 이제 막 대학을 졸업했어요. (→ 서술 용법)

관용구

fresh from (out of) the garden / oven
정원에서 갓 따온/오븐에서 갓 구운

much, many의 사용

much나 many 역시 앞에서 명사를 수식하는 형용사입니다. 불가산명사(셀 수 없는 명사)는 much가, 가산명사(셀 수 있는 명사)는 many가 수식하지요.

예전에는 much와 many를 a lot of로 바꿔 쓰는 문제가 시험에 출제되기도 했습니다. 하지만 실제로는 이들이 완전히 서로 바꿔 쓸 수 있는 관계는 아니기에 사용에 제한이 있습니다.

much, many의 사용 제한

긍정문에서 much는 다소 딱딱하게 들리므로, 주로 문서에 쓰입니다. 단순한 구조의 문장에 쓰면 부자연스럽게 느껴집니다. 긍정문에서는 much 대신 a lot of를 쓰는 것이 자연스럽습니다.

He has a lot of money.
그는 돈이 많아요. (→ 긍정문)
He doesn't have much money.
그는 돈이 많지 않아요. (→ 부정문)
How much money does he have?
그는 돈을 얼마나 가지고 있나요? (→ 의문문)
He made it without much effort.
그는 큰 노력 없이 그것을 해냈어요. (→ 부정문에 준하는 문장)

many 역시 much와 같은 방식으로 쓸 수 있습니다.

How many subjects do you have today?
오늘 논의해야 할 의제가 몇 개죠? (→ 의문문)
We don't have many subjects today.
오늘 의제가 그렇게 많지 않습니다. (→ 부정문)
But we'll have a lot tomorrow.
하지만 내일 많을 거예요. (→ 긍정문)

궁정문에서 much, many를 쓰는 경우는 다음과 같습니다.

① 주어에 쓰는 경우

Much attention has to be paid.
많은 주의가 필요합니다.

Many tourists visited there.
많은 관광객이 거기를 방문했어요.

② in ~ 등 전치사를 포함하는 부사구 안에서 의미상 초점이 되는 경우

In many poor countries, this material is still used.
많은 빈곤국에서 이 원료가 여전히 사용되고 있어요.

③ day, week, month, year 등 기간을 나타내는 말이나 thousands of 등과 함께 쓰는 경우

I visited there many years ago.
저는 수년 전에 거기를 갔어요.

Many thousands of people visited there.
수천 명의 사람들이 그곳을 방문했어요.

3장

전치사와 부사

전치사와 부사에 대하여

전치사는 영어에서 자주 등장합니다. 대부분 철자는 간단하지만, 그 의미를 제대로 이해하고 맞는 용법으로 쓰는 건 참 어렵습니다. 우리말의 조사는 '~로, ~에, ~까지, ~부터, ~을'처럼 보다 한정되어 있지만, 영어의 전치사는 그보다 훨씬 더 다양합니다. 누군가 "'~로'는 영어로 어떻게 말하나요?"라고 물어본다고 생각해보세요. 대답하기가 쉽지 않지요. 마찬가지로 "'~의'는 of로 쓰면 된다"라고 단순하게 말할 수도 없습니다.

또한 우리말에는 동작의 방향, 장소, 움직임을 표현하는 기능을 동사가 있습니다. 반면 영어에는 그런 기능을 가진 기본 동사가 없지요. 그래서 부사와 전치사 등을 함께 써 보다 구체적 의미를 전달합니다. put, give, take, look 등이 그에 해당합니다. 이처럼 영어와 우리말은 언어 구조가 다릅니다.

사실 우리말의 조사는 앞에 붙는 명사에 의해 의미가 달라집니다. 그리고 그에 해당하는 영어의 전치사도 달라지지요.

상자에 사과가 있다	상자 안에 있다 (in)
테이블에 사과가 있다	테이블 위에 있다 (on)
그는 방에 있다	방 안에 있다 (in)
그는 입구에 있다	입구 쪽에 있다 (at)

우리말은 동사 안에 방향이나 장소의 의미가 포함되어 있습니다.

벽에 기대다	on, against
벽에 부딪치다	into

우리말에서는 대상이 되는 명사와의 궁합도 있습니다.

언덕을 내려오다
계단을 내려오다
지붕에서 내려오다

이처럼 우리말에도 설명하기 어려운 특징이 있지요. 그래서 '~에게'는 to, '~을 위해'는 for를 쓴다는 등의 단순한 규칙이 존재하지 않습니다. 우리말과 영어를 일대일로 대응하여 바꿔 쓸 수 없습니다.

혹시 왜 이 장에서 전치사와 부사를 함께 다루는지, 궁금해하는 사람들을 위해 잠시 설명해볼까요?

많은 사람이 in, on은 전치사라고 생각할지도 모르지만, 영어에는 전치사와 부사 둘 다로 쓸 수 있는 말이 많습니다. 예를 들어볼까요?

1. He walked in the room. 그는 방 안을 걷고 있었어요.
2. He walked in. 그는 안으로 걸어 들어갔어요.

1번 예문에서 in은 전치사지만, 2번 문장의 in은 '~안으로'라는 뜻의 부사입니다. 어렴풋이 느끼는 의미는 비슷하지만, 문법적으로는 전치사와 부사로 확연히 구별됩니다. 마찬가지로 아래 예시를 볼까요?

1. The boy played outside the room. 그 소년은 방 밖에서 놀았어요.
2. He was walking around the room. 그는 방 주변을 걸어 다녔어요.
3. The boy played outside. 그 소년은 밖에서 놀았어요.
4. He was walking around. 그는 주변을 걸어 다녔어요.

1번과 2번 문장에서 outside와 around는 전치사로 사용되었지만, 3번과 4번 문장에서 outside와 around는 부사에 해당하지요.

구동사(228쪽 참고)에는 여러 종류가 있습니다. 대표적으로 '동사+전치사', '동사+부사'의 형태가 있지요. 이 중에서 on, in, about은 전치사와 부사 둘 다로 쓸 수 있지만, out, up, down은 주로 부사로 쓰입니다. 이런 특징을 고려하여 이번에는 전치사와 부사를 함께 살펴보려고 합니다.

전치사와 부사를 알아보자

구동사란 무엇인가?

가장 중요한 전치사

in, at, on

알파벳순으로 보는

about, along, by, for, from, into, of, off, over, through, to, under, with

마지막으로 살펴보는

up, down, out, out of

구동사란 무엇인가?

동사에 전치사나 부사 등이 붙어 만든 '구'가 동사와 같은 역할을 하는 경우가 있습니다. 이를 구동사 혹은 군동사라고 부릅니다. 구동사에는 여러 종류가 있습니다.

첫째, '동사+전치사'로 타동사의 역할을 하는 표현

예를 들어 look은 자동사지만, look at, look for 뒤에 오는 말은 타동사의 목적어와 같은 역할을 합니다.

I looked at her. 그녀를 봤어요.
I looked for my bag. 가방을 찾고 있었어요
I looked into the data. 그 자료를 조사하고 있었어요.
I waited for my friend. 친구를 기다렸어요.
He called on me. 그는 나를 찾아왔어요.
He laughed at me. 그가 나를 비웃었어요.

둘째, '동사+부사'로 자동사의 역할을 하는 표현

up, down, out은 주로 부사로 쓰이지만, 전치사로 익숙한 on, in, about 등도 부사로 쓸 수 있습니다. 이들은 동사와 함께 쓰여 구동사의 역할을 합니다. 자동사에 방향 등의 기능을 나타내는 부사가 붙어 더 명확하고 풍성한 표현이 가능해집니다.

My PC broke down. 제 컴퓨터가 고장 났어요.
Let's go on. 계속합시다.
A week went by. 한 주가 지나갔어요.
He ran away. 그는 도망쳤어요.
He didn't show up. 그는 나타나지 않았어요.

구동사를 만드는 부사에는 about, across, along, around, away, back, by, down, in, off, on, out, over, past, round, through, under, up 등이 있습니다.

셋째, '동사+부사'로 타동사의 역할을 하는 표현

두 번째에서 언급한 부사를 타동사와 함께 쓸 수도 있습니다.

He put on his jacket. 그는 재킷을 입었어요.
He turned off the radio. 그는 라디오를 켰어요.
He picked up his pen. 그는 펜을 집어 들었어요.

동사가 타동사인지 자동사인지 헷갈릴 때, '뒤에 전치사가 붙으면 자동사고, 붙지 않으면 타동사'라고 구별하는 사람들이 있습니다. 그런 사람들은 put on the jacket이라는 구문을 보고, '뒤에 on이 있으므로 자동사'라고 착각할 수 있겠지요. 사실 이때 on은 부사이므로, put은 타동사입니다. 만약 on이 전치사라면, on the jacket은 '재킷 위에'라는 뜻이 되겠지요.

on the jacket

사실 이 put on his jacket에서 타동사 put의 목적어는 jacket으로, 동사와 목적어 사이에 on이라는 부사가 들어 있습니다. 따라서 의미적으로는 재킷을 on 상태로 put하다, 즉 '재킷을 입다'가 됩니다.

He put his jacket on.
(≒ He put on his jacket.)

He put his jacket on.

He turned the radio off.

He turned the radio off.

물론 '동사 → 목적어 → 부사'의 순서로 쓰는 용법도 있습니다. 순서가 달라지면 뉘앙스 역시 살짝 달라집니다. 또 목적어의 길이나 말의 리듬에 따라 자주 쓰이는 순서도 있습니다. 물론 순서를 바꿀 수 없는 구동사도 있지요. 목적어가 대명사인 경우에는 반드시 목적어를 동사와 부사 사이에 써야 합니다.

He picked it up.(○)
He picked up it.(×)

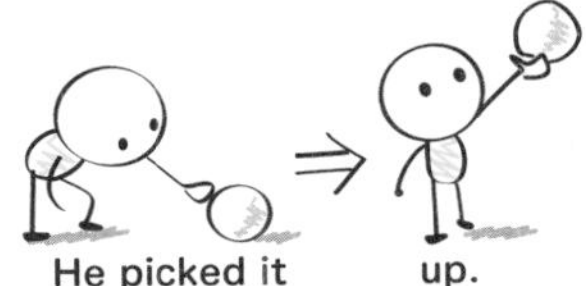

넷째, '동사+부사+전치사'로 타동사의 역할을 하는 표현

I'm looking forward to the party.
저는 파티를 기대하고 있어요.

I can get along with him.
저는 그와 잘 지낼 수 있어요.

I couldn't keep up with the conversation.
저는 대화를 따라갈 수 없었어요.

We are running out of time.
우리에게 시간이 부족해지고 있어요.

We all look up to our teacher.
우리 모두는 선생님을 존경하고 있어요.

첫 번째와 두 번째 경우처럼. 특히 전치사로도 부사로도 쓸 수 있는 말이 들어 있는 표현의 의미를 파악할 때는 조금 더 상세히 살펴봐야 합니다. 가령 turn은 자동사로도 타동사로도 쓸 수 있으며, around 역시 전치사와 부사 둘 다로 쓸 수 있습니다.

He turned around the corner.
그는 모퉁이를 돌아갔어요.

He turned around the corner.

He turned around.
그는 빙 돌았어요.

He turned around.

He turned his chair around.
=He turned around his chair.
그는 의자를 돌렸어요.

He turned his chair around.

기본 동사의 의미와 전치사·부사의 의미를 알고 난 뒤 구동사의 뜻을 파악하려면, 위와 같이 구별할 줄 알아야 합니다.

일반적으로 전치사는 명사, 형용사, 동사보다 약하게 발음되며, 부사는 약하지 않게 발음됩니다. 첫 번째 용법의 경우처럼 전치사로 쓰이는 경우에는 약하게 발음되지만, 두세 번째처럼 부사로 쓰이는 경우에는 약하지 않게 발음됩니다. 네 번째의 경우에 쓰인 부사 역시 마찬가지입니다.

in

(공간, 면적, 경로, 기간의) 테두리 안에서, 안에

in은 대표적으로 공간이나 영역 안에 들어가 있는 상태 혹은 들어가는 동작이나 방향을 나타냅니다. 또 경로나 시간·기간 등 선적인 흐름 안에 있을 때도 쓸 수 있습니다. 둘러싸인 영역 안에 있는 모양이나 상황을 나타내는 말입니다.

둘러싸인 장소나 상황 안에서 (위치), 안으로 (방향)

in the room 방 안에서
in the box 상자 안에서
in Japan 일본에서
in the rain 빗속에서
a man in a jacket 재킷을 입은 남자
I participated in the competition.
전 시합에 참가했어요.

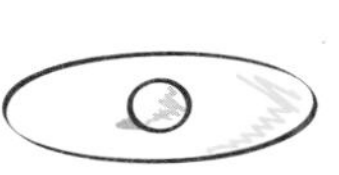

시간적 테두리 안에서, 안에

in the morning 아침에
in 2020 2020년에
in spring 봄에
in 1990's 1990년대에
in her thirties 그녀의 30대에

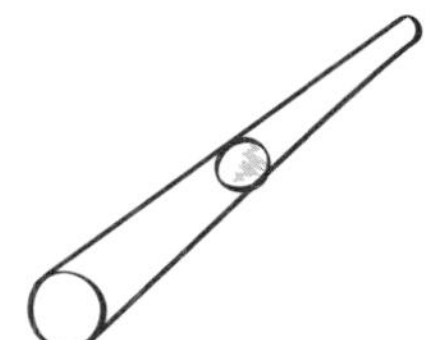

둘러싸인 테두리 안에서 (포괄)

That's 500 dollars in total / in all.
모두 합해서 500달러입니다.

in principle / in general
원칙적으로/일반적으로

둘러싸인 테두리 안에서 (범위)

in my opinion 제 생각에는
in my experience 제 경험으로는
in terms of ~에 관해서는
in the case of ~의 경우에는
He is experienced in business. 그는 사업상의 경험이 있어요.
There is no difference in quality between the two.
두 제품의 품질에는 차이가 없어요.
I'm interested in sports. 전 스포츠에 관심이 있어요.
I'm involved in the project. 전 그 프로젝트에 관여하고 있어요.

상황 속에서, 일과 마음을 다해서

The shirt is in fashion.
그 셔츠가 유행이에요.
We are in trouble.
우리는 곤란한 상황에 처했어요.
She is in a good mood.
그녀는 기분이 좋아요.
The cherry blossoms are in full bloom.
벚꽃이 만개했어요.
They fell in love.
그들은 사랑에 빠졌어요.
They are in need of support.
그들은 지원이 필요해요.
The project is in progress. 그 프로젝트는 진행되고 있어요.
The PC is in use. 그 PC는 사용 중이에요.
The machine is in operation. 그 기계는 가동 중이에요.

모양·형태 안에서

We stood in line. 우리는 줄을 서 있었어요.

We worked in pairs.
우리는 짝을 지어 일했어요.

Cut the cake in 4 pieces.
케이크를 네 조각으로 자르세요.

방법·수단

in this way 이 방법으로

He talked in English. 그는 영어로 말했어요.

I'll pay in cash. 현금으로 계산할게요.

letters in yellow 노란색 글씨

The letter was written in ink. 그 편지는 잉크로 쓰였어요.

(무관사 명사 앞에서) 소정의

in order 순서대로

in place / in position 제자리에

in shape 컨디션 좋은, 건강한

관용구

Please **put in** the right number. 맞는 숫자를 **넣어주세요.**

Fill in the blanks. 빈칸을 **채워주세요.**

He always **cuts in on** our conversation.
그는 늘 우리의 대화에 **끼어들어요.**

A thief **broke in** through the window. 도둑이 창문을 통해 **침입했어요.**

The rainy season has **set in.** 장마철이 **시작됐어요.**

in a row 연이어, 계속해서

get in touch / keep in touch 연락하다/연락하고 지내다

I'm in charge of marketing. 저는 마케팅을 **담당하고 있어요.**

in time 시간 내에

알아두면 쓸모 있는 영어사전

in의 다양한 쓰임

a man in a suit a woman in black	정장을 입은 남자 검은색 옷을 입은 여자	 
fit in result in	잘 맞다, 잘 어울리다 (결과적으로) ~으로 끝나다	
in sight in sight of in view of	보이는 곳에, 가까이에 ~의 시야 안에 ~으로 판단해보면, 고려하여	
one in four	네 명 중 한 명	
I have a pain in my back. He hit me in the face.	등이 아파요. 그가 내 얼굴을 때렸어요.	
in the end I'll be back in ten minutes.	결국, 마침내 10분 후에 다시 올게요.	

at

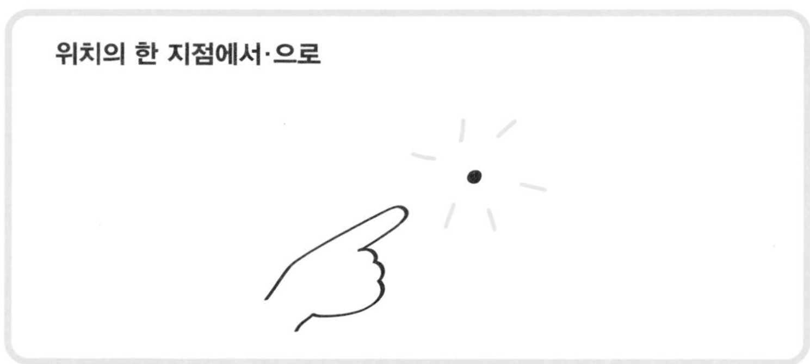

위치의 어느 한 '지점'을 가리키며, 의식이 향하는 곳이나 시각 등을 나타냅니다. 탁자의 모서리처럼 작은 지점부터 역이나 공항 등 큰 장소까지 폭넓게 쓰입니다. 후자의 경우에는 건물 안 등 물리적인 장소가 아니라 막연하게 그 장소나 지점을 가리킨다고 생각하면 이해하기 쉬울 것입니다. in과 마찬가지로 '상태, 상황'을 나타낼 수도 있습니다.

의식이 향하는 한 지점, 표적

look at
~을 보다

wave at / shout at / smile at a girl
소녀에게 손을 흔들다/소리치다/미소 짓다

My teacher pointed at me.
선생님께서 저를 가리켰어요.

throw at / kick at / shoot at a target
표적에 맞춰 던지다/차다/쏘다

jump at a ball
공을 향해 점프하다

aim at
~을 겨냥하다

장소에서, 분야에서

at home / school 집/학교에서
I'm good at / poor at math. 전 수학을 잘해요/못해요.

상태, 상황

She was at work / at dinner. 그녀는 일하는 중/저녁 식사 중이었어요.
They watched the children at play.
그들은 아이들이 놀고 있는 모습을 봤어요.

기분의 상태

feel at ease 안심하다 at a loss 어쩔 줄 모르는

특정 숫자·시간

at 7 o'clock / at midnight 7시에/자정에
at your convenience 편하신 때에
at that price / at your age 그 가격에/당신 나이에
at present / at the moment / at that time
현재에는/지금은/그 당시에는

시간의 한 지점

at once 당장, 동시에
at a time 한 번에
at the same time 동시에

장소

at the station 역에서

정점, 끝 부분

at first / at last 처음에는 / 마침내
at the most / at best / at the earliest 많아야 / 기껏해야 / 빨라도
at the top of ~의 정상에서

on

(방향은 상관없이) 딱 붙어 있는 접촉 상태

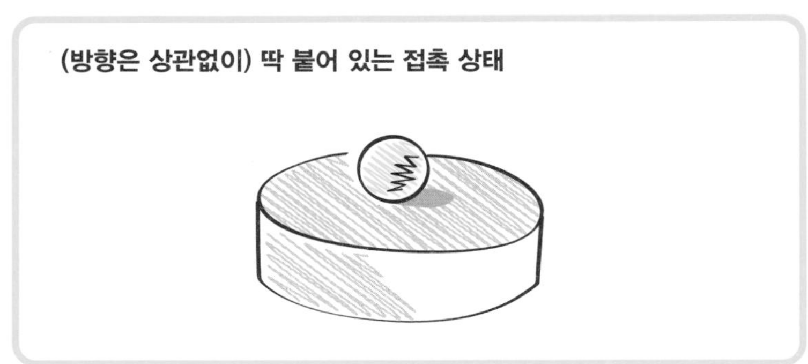

위쪽에서 중력이나 압력이 가해지는 상황에서 접촉하고 있는 상태를 나타내는 말입니다. 윗면, 옆면 등 접촉 방향은 상관없으며, 매달려 있는 것도 on으로 나타낼 수 있지요. 궤도나 경로를 따라 움직이는 상태, 계속 이어지는 연속성, 주목받는 대상 등을 표현할 수도 있습니다.

접촉, 접촉 상태가 되게 하다

on the table 테이블 위에
on the ceiling 천장에
on the wall 벽에
put on ~을 입다
That looks good on you.
당신에게 잘 어울려요.

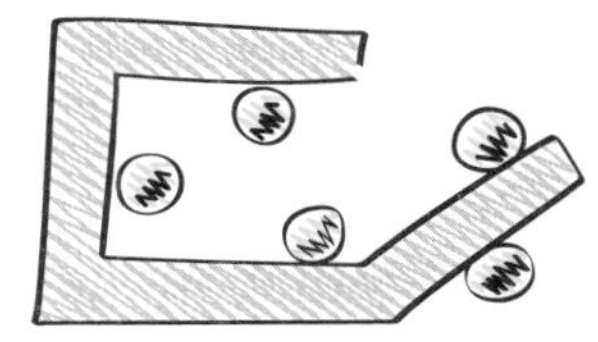

~측, ~쪽

on your right 오른쪽에
doors on the right 오른쪽 문

on과 반대로 떨어져 있는 것은 off로 표현합니다. off도 on과 마찬가지로 상하 등 방향은 상관없습니다. (270쪽 참고)

매달린 지점

hang a coat on a hook 고리에 코트를 걸다
a dog on a leash / chain 끈/사슬에 매여 있는 개
an apple on a tree 나무에 달린 사과

궤도에 올라타고 있는 지속 상태

I'm on vacation / on duty. 전 휴가 중/근무 중이에요.
He did it on purpose.
그는 일부러 그렇게 했어요. (→ '목적에 올라타서'라는 의미)
The project is on time / on schedule / on track.
그 프로젝트는 시간에 맞게 / 예정대로 / 제대로 진행되고 있어요.
on the rise / on the way 상승 중인/도중에
on sale 판매 중인
go on a hike / a journey 하이킹/여행을 가다

연속적으로 이어지다

go on 계속해서 나아가다
carry on 계속하다
hold on 지속하다
He kept on talking. 그는 이야기를 계속했어요.
The spirit lives on. 그 정신은 계속 살아 있어요.
on and on 계속해서
from now on 이제부터 죽

짐, 압력

insist on / put emphasis on ~을 주장하다/강조하다
have impact on / influence on ~에 영향을 주다
He always puts the blame on me. 그는 늘 제 탓을 해요.
You can count on me. 저에게 기대도 돼요.
It's on me. 제가 계산할게요.

접속, 의존

rely on / depend on ~에게 의지하다

They live on a pension.
그들은 연금으로 생활해요.

The truck runs on diesel fuel.
그 트럭은 경유로 달려요.

I judged based on the facts.
전 그 사실을 바탕으로 판단했어요.

Sales declined on a yen basis.
판매량은 엔 기준으로 감소했어요.

초점, 열중

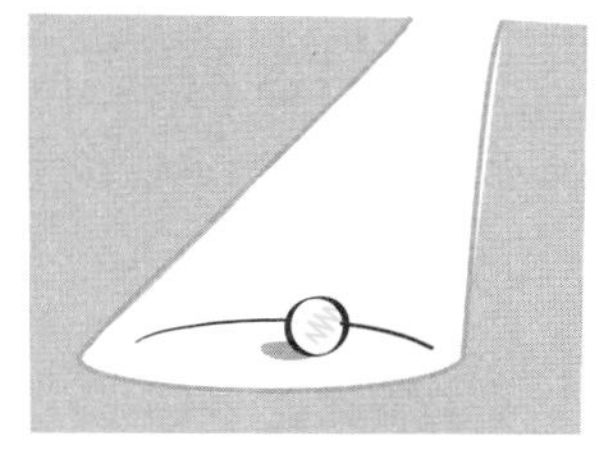

Let's focus on this issue.
이 문제에 집중해봅시다.

We are working on this.
우리는 이것에 열중하고 있어요.

I congratulated him on his victory.
그의 승리를 축하해줬어요.

응하다

on demand / on request
요구/요청에 응해서

On arriving here, I found him.
여기에 도착하자마자 그를 발견했어요.

I'll respond to your message on my return.
돌아가는 대로 당신의 메시지에 답을 할게요.

접촉 → 대상

I'll touch on the subject.
그 문제를 다뤄볼 거예요.

That joke was on me.
그 농담은 나에 관한 거였어요.

알아두면 쓸모 있는
영 어 사 전

on의 다양한 쓰임

on the phone on the Internet	전화로 인터넷으로
fall on one's face	엎어지다 완전히 실패하다
hang on	매달리다
on TV on screen	TV로 스크린으로
stand on one's hands	물구나무서다
on one's knees	무릎을 꿇고

헷갈리는 in과 on 사용법

in the bed와 on the bed

이불이나 담요 안에 들어가 있으면 in the bed로, 그냥 침대 위에 올라가 있기만 하면 on the bed로 표현합니다.

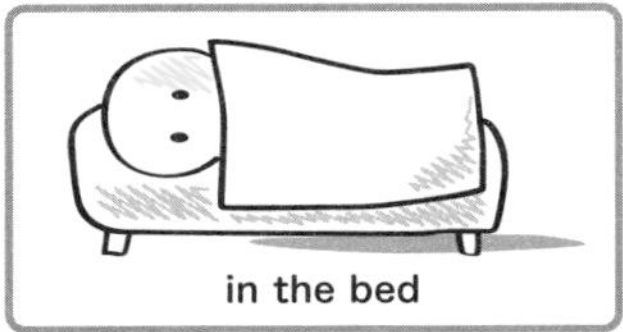

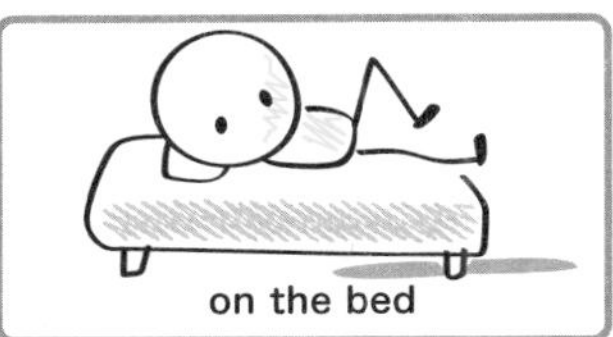

in the chair와 on the chair

팔걸이에 팔을 걸치는 등 몸이 의자 안에 들어가 있는 듯한 모양새라면 in the chair로, 위에 살짝 걸터앉아 있다면 on the chair로 나타냅니다.

여기까지는 간단하지만, 이제부터는 조금 복잡해지니 주의 깊게 살펴보세요.

in time과 on time

in time은 정해진 시간보다 빨리, 즉 '시간에 맞게'라는 뜻이지만, on time은 '정해진 시간에 딱 맞게'라는 뜻입니다.

in my mind와 on my mind

in my mind는 '머릿속에 있는'이라는 뜻이며, on my mind는 '머리에 붙어 있는', 즉 '머리에서 떠나지 않는'이라는 뉘앙스를 풍깁니다.

in the way와 on the way

in the way는 둘러싸인 내부에 있는 방해물이 '길을 가로막는'이라는 의미입니다. 반면 on the way는 길을 가는 도중에 방해물이 있어 둘러갈 때 쓸 수 있습니다. 혹시 그것이 길 위에 있더라도 피하거나 뛰어넘을 수 있지요.

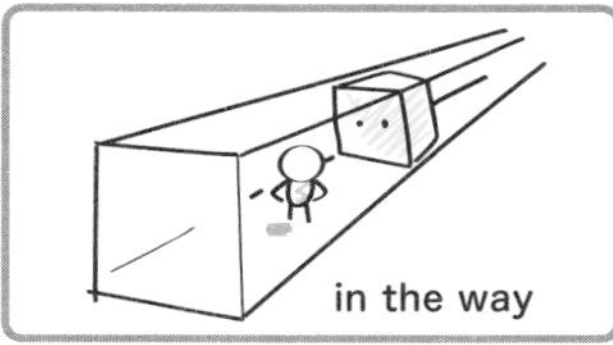

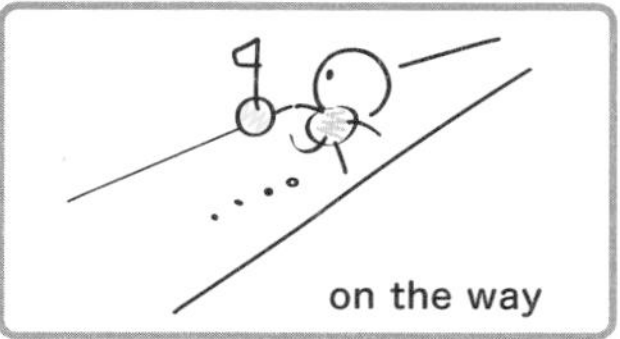

in the car와 on the bus

교통수단에 탈 때 쓰는 전치사로, in은 한 공간 안에서 형성되는 '운전자와의 일체감'을 표현하는 반면, 버스·지하철·비행기·배 등 대중교통에 탈 때는 물리적인 의미로는 공간 내부에 있지만 운전자와의 일체감 없이 자기 몸을 '태우는' 느낌이므로 on을 씁니다.

알아두면 쓸모 있는 영어사전

고대 영어와 라틴어

서양의 다른 언어와 비교하여 영어의 어휘 수는 많은 편입니다. 그래서 비슷한 뜻을 지닌 단어가 많지요. '머리말'에서 말한 바와 같이 쉬운 단어를 조합하여 말하는 방법과 긴 단어 하나로 말하는 방법이 있습니다.

쉬운 단어, 대부분은 한 음절의 짧은 단어는 고대 영어에서 유래한 단어로, 기원을 찾으려면 약 6세기 즈음까지 거슬러 올라가야 합니다. 반면 긴 단어의 대부분은 약 10세기 이후에 사용된 것으로 원래는 프랑스어 등에 영향을 준 라틴어에서 유래되었습니다.

타동사의 구동사	라틴어 유래 타동사	의미
put A off (= put off A)	postpone	연기하다
put A out (= put out A)	extinguish	불을 끄다
find A out (= find out A)	discover	발견하다

자동사의 구동사	라틴어 유래한 타동사	의미
go on	continue	지속하다
give off	emit	방출하다
go in	enter	들어가다

우리말에도 순우리말(먹다, 걷다 등)과 중국의 한자어에서 유래된 말(섭취하다, 보행하다 등)이 있지요. 이와 유사한 관계라고 할 수 있습니다.

라틴어에서 유래한 말 중 상당수는 접두사(단어 앞에 붙어 방향이나 위치, 관계 등을 나타내는 말), 어근(단어의 핵심 의미를 나타내는 부분), 접미사(품사나 추가적 기능을 나타내는 말) 등 여러 요소로 구성되어 있어, 그것을 잘 파악하면 단어의 의미를 이해하는 데 많은 도움이 됩니다. 이어서 어원을 통해 접미사와 어근부터 궁합이 좋은 전치사와 부사를 찾는 법을 알아봅시다.

어원으로 알아보는 콜로케이션 ①

접두사 in이나 en에는 '안에' 혹은 '넣다'라는 의미가 있어 접두사 in-, en-이 붙는 말은 전치사 in과의 궁합이 좋은 경우가 많습니다.

be included in ~에 포함되다
include in ~에 포함시키다
be enveloped in ~에 둘러싸이다
be involved in ~에 휘말리다, ~에 관여하다
be enclosed in ~에 둘러싸이다, 동봉되다
invest in ~에 투자하다

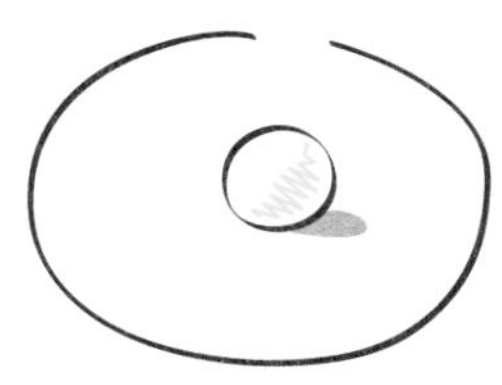

움직임을 나타내는 말은 into와 궁합이 좋습니다.

inspection into
~에 관한 조사·점검
inject into
~에 주입하다, ~에 투여하다

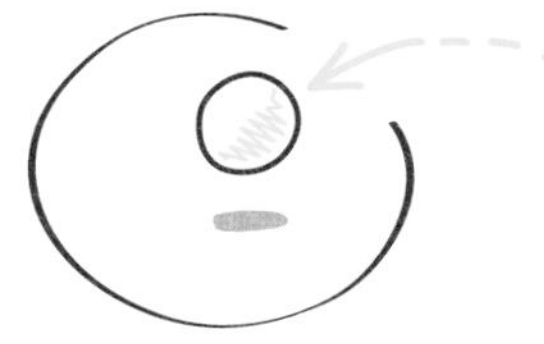

접두사 in은 '안에' 외에도 '위에'를 뜻할 때도 있습니다. 이 경우에는 전치사 on과 궁합이 좋습니다.

impact on
~에 끼친 영향
impression on
~에 대한 인상
impose on
~에 부과하다, 강요하다

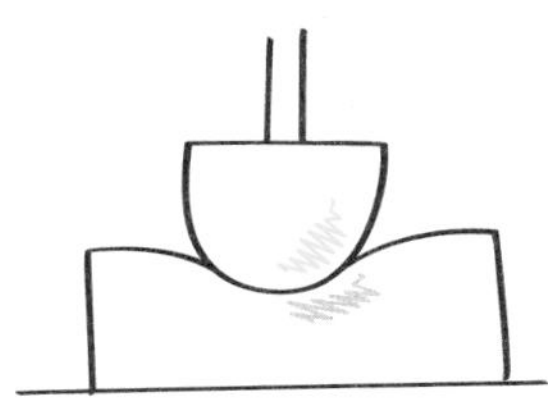

알아두면 쓸모 있는 영어사전

시각·일·월·연도 앞에 쓰는 전치사

날짜, 요일, 시각 앞에 붙는 전치사를 바르게 쓰는 것은 간단해 보이지만, 사실 꽤 어렵습니다.

'지점'을 나타내는 at

at은 어느 한 지점을 나타내므로, 시각 앞에 붙습니다.

at 7 o'clock 7시에
at noon 정오에
at 7:30 7시 30분에
at midnight 자정에

'둘러싸인 태두리 안쪽'을 나타내는 in

in은 둘러싸인 테두리 안쪽을 나타내 장시간·장기간의 '안'을 의미합니다.

in the morning 아침에
in the afternoon 오후에
in the evening 저녁에
in the daytime 낮 동안에

morning, evening과 달리 night는 특별합니다. 보통 at night(밤에)라고 쓰지요. 밤은 자고 있는 시간이므로, 시간을 '길이'로 인식해야 한다는 생각이 약했을지도 모르겠네요.

또 월, 계절, 연도는 시간을 특정 경계로 나눠 표현한 말이므로 in을 씁니다.

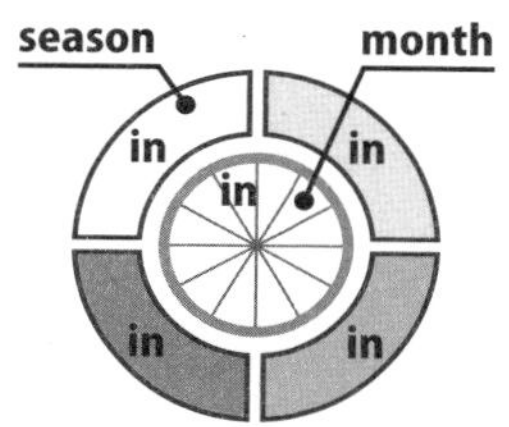

in June 6월에
in summer 여름에
in 2020 2020년에

'덩어리 위에 올라서 있는' 이미지를 떠올리게 하는 on

'하루'라는 시간의 '덩어리' 위에 올라서 있는 이미지를 떠올리면서 날짜나 요일 앞에는 on을 쓰세요.

on Sunday 일요일에
on April 20 4월 20일에
on that day 그날에

복잡한 on의 쓰임

on의 쓰임은 조금 복잡합니다. 같은 morning이지만 날짜를 나타내는 말이 붙으면 on과 함께 쓰지요.

on the morning of April 10
4월 10일 아침에
on Wednesday evening
수요일 저녁에

단순히 날짜 정보가 붙을 때만이 아니라 '그날 아침'처럼 특정한 날을 나타내는 말이 있는 경우에도 on을 씁니다.

He arrived at the town on that morning.
그는 그날 아침에 그 마을에 도착했어요

about

특정한 장소가 아닌 막연하게 '그 주위, 주변'을 의미하며 대신 around를 쓸 수 있습니다. 수치와 연관 지어 쓸 때에는 '약, 어림잡아'라는 뜻이 되고, 이야기의 대상에 쓸 경우에는 '~에 대하여'의 의미가 됩니다. be about to ~는 가장 자주 쓰이는 관용구로 '곧 ~할 예정이다'를 뜻합니다. about의 어원은 'ab+out'으로 이뤄져 있습니다. (261쪽 참고) ab는 '그 주변'을, out은 '밖'을 의미하여 bring about, come about처럼 '출현'을 나타내기도 합니다.

주위, 대개, 대략

That's about right. 얼추 맞아요.
We reached there at about 7 o'clock.
우리는 7시쯤에 거기에 도착했어요.
We walked about the town. 우리는 시내 주변을 걸었어요.
Cops were moving about in that area.
경찰들이 그 지역 주변을 돌아다녔어요.

'~에 관한 리포트'는 a report on ~ 혹은 a report about ~로 씁니다. 초점을 한 대상에 집중하고 있는 뉘앙스를 풍기는 on은 전문적인 인상을 주는 반면, 대략적인 이미지의 about은 '주변 정보를 포함하고 있는' 느낌을 주지요.

관련: ~에 관해서, 주변 정보

a book about birds
새에 관한 책
think / talk / hear about
~에 관해 생각하다/말하다/듣다
She always cares about her son.
그녀는 늘 아들에게 신경을 써요.
be concerned about / be worried about
~에 대해 걱정하다

주변: 빙 둘러서

He looked about the room.
그는 방을 둘러봤어요.
I'm just hanging about.
전 그냥 돌아다니는 중이에요.
She was wearing a scarf about her neck.
그녀는 목에 스카프를 두르고 있어요.

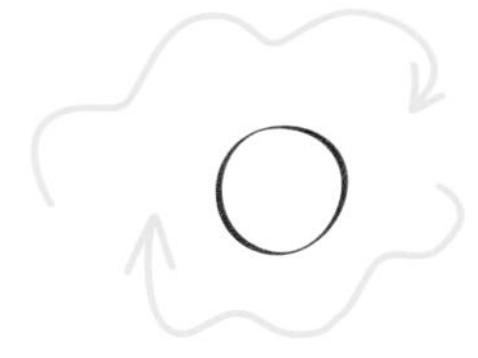

밖으로

He brought about a big change.
그는 큰 변화를 가져왔어요.
How did the accident come about?
그 사건은 어떻게 일어났나요?
We set about the work.
우리는 일을 시작했어요.

관용구

Class **is about to** start. 수업이 곧 시작할 거예요.
He's **going about** his everyday life. 그는 일상을 보내고 있어요.
The rumor is **going about** that he got married.
그가 결혼했다는 소문이 퍼지고 있어요.

along

도로나 경계선 등 연속성이 있는 것을 따라 이동하는 움직임 혹은 따르는 상태를 나타냅니다. '사이좋게' 함께한다는 의미와 미리 정해진 계획에 따라 일하여 '순조롭게' 진행된다는 의미도 있습니다.

길이가 있는 대상을 따라

I walked along the street.
저는 길을 따라 걸었어요.

We drove along the coast.
우리는 해안선을 따라 운전했어요.

I'm from a town along the border.
저는 국경 근처 마을에서 태어났어요.

따라서, 함께 붙어서

She came along with her mother.
그녀는 어머니와 함께 왔어요.

Please sing along with me.
저와 함께 노래해주세요.

He brought his wife along.
그는 아내를 데리고 왔어요.

Come along.
함께 오세요.

사이좋게

I can get along with my colleagues.
동료들과 잘 지낼 수 있어요.

그 상태로 계속

go along
진행하다

Move along, please.
이동해주세요.

관용구

I knew it **all along.** 전 그동안 내내 알고 있어요.

by

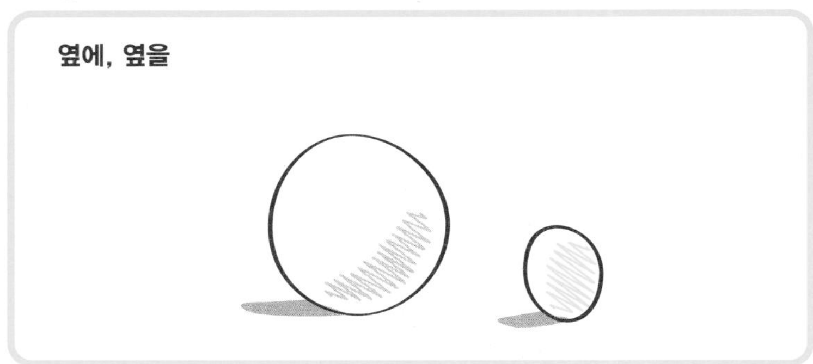

작품 등의 작가를 나타낼 때, 가령 'by Van Gogh'와 같이 쓰지요. 또 'The teacher is loved by everybody.'(그 선생님은 모두에게 사랑받아요)처럼 수동태 문장에서 동작의 주체 앞에 전치사 by를 쓴다는 사실은 이미 잘 알고 있을 것입니다. 그 외에도 by에는 여러 의미가 있습니다. by의 원래 뜻은 '옆에'입니다. 옆에 있는 사람이나 사물이 행위의 주체가 되는 경우가 많으므로, 동작의 주체를 표현할 때 쓰는 것이지요. 또 '수단', 판단의 '근거', 바로 옆까지 다가온 '기한', '간격이나 단차'를 나타내기도 합니다.

옆에, 옆에서, 옆을

a chair by the window
창문 옆의 의자
a hotel by the sea
바다 근처 호텔
My wife always stands by me.
아내는 늘 내 옆을 지켜줘요.
A car went by.
차가 지나갔어요.
Two years went by.
2년이 흘렀어요.

~에 의해: 동작의 주체

I read a novel by Natsume Soseki.

나쓰메 소세키의 소설을 읽었어요.

He was hit by a bus.

그는 버스에 치였어요.

I know it by instinct.

본능적으로 알았어요.

Do it by yourself.

혼자 힘으로 하세요.

The medical costs are covered by your insurance.

의료비는 당신의 보험으로 해결됩니다.

수단

by bus

버스로

by email / phone

이메일/전화로

I pay by credit card / by cash.

카드로/현금으로 계산합니다.

write by hand

손으로 쓰다

우연이나 성질에 의해

by chance / by luck

우연히/운으로

I sent it by mistake.

실수로 보냈어요.

He is honest by nature.

그는 날 때부터 정직한 성격이에요.

근거, 기준

by law / by my watch

법에 따르면/내 시계에 따르면

by memory

기억에 따르면

I know him by name / sight.

그의 이름/얼굴은 알고 있어요.

What do you mean by that?

그게 무슨 뜻이에요?

기한

by Monday

월요일까지

by the end of the week

이번 주말까지

by now

지금쯤

~씩, 순차적으로

step by step / day by day

한 걸음 한 걸음씩/나날이

little by little / bit by bit

조금씩

by degrees

서서히

3 by 3

3×3

one by one

하나씩

case by case

경우에 따라

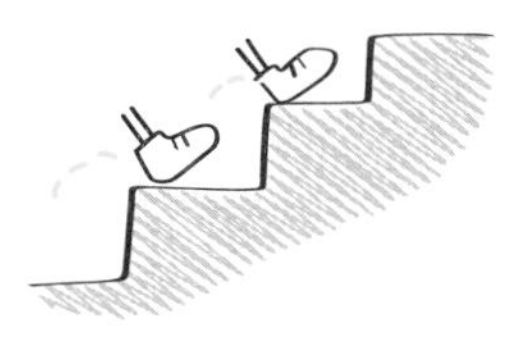

3 by 3

one by one

case by case

차이, 다름

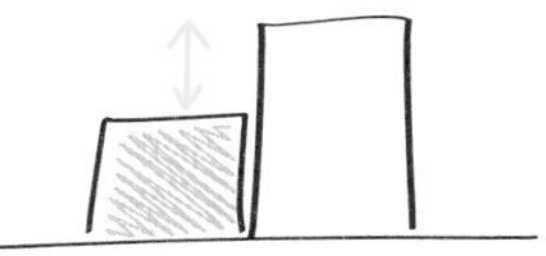

by 2 minutes / by 2%
2분 차이로/2퍼센트 차이로

by far / by a mile
훨씬/크게

단위

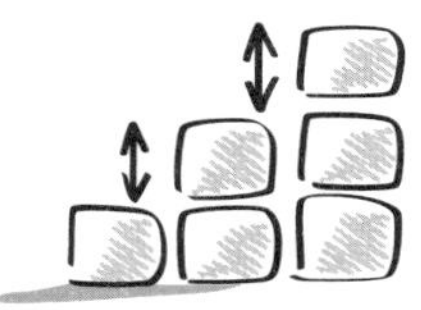

sell by the kilo
킬로그램 단위로 팔다

관용구

- by가 '옆'이라는 의미로 쓰인 관용구

  come by / drop by / pass by
  들르다, 통과하다/우연히 들르다/지나가다

  swing by 잠깐 들르다

  by the way 그런데 (→ 대화의 화제를 바꿀 때 쓰는 표현)

- by가 '수단'이라는 의미로 쓰인 관용구

  by all means / by any means 어떻게 해서든

  Let's **play it by ear.** 그때 상황을 봐가면서 합시다.

  by instinct 본능적으로

알아두면 쓸모 있는 영 어 사 전

with와 by의 차이

with	by
with a stone	by a stone killed by a car killed by a driver

기본적으로 by는 동작의 주체를, with는 도구를 나타냅니다. 아래 문장을 한 번 볼까요?

He was hit with a stone by a man.
그는 남자에게 돌로 맞았어요.

이 문장에서 a man은 동작의 주체이며, a stone은 도구이지요. 단 by는 '자신의 의지나 자율성을 느낄 수 있는 동작의 주체'를 나타냅니다.

예를 들어 'He was killed with an arrow.'(그는 화살에 맞아 죽었어요)는 의지를 갖고 행동한 주체(화살을 쏜 사람)의 존재를 암시하고 있습니다.

반면 'He was killed by an arrow.'라고 말하면, 쏘는 사람에 대한 암시 없이 마치 자율적으로 날아온 화살에 의해 죽었다는 뜻으로 느껴집니다.

마찬가지로 killed by a car라고 하면 운전자의 존재감이 약하며, by a driver라고 하면 동작의 주체인 운전자의 존재감이 강해집니다.

until과 by의 차이

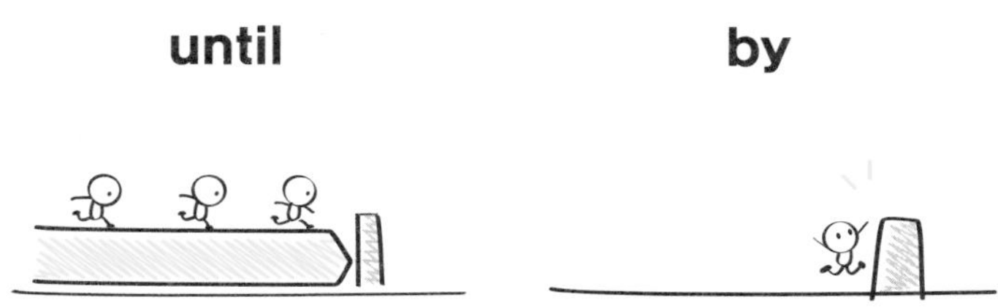

by는 기한을 나타내는 표현으로 '~까지'로 해석하기 쉽지만, 정확히는 '~까지는'이라고 할 수 있습니다. 비슷한 뜻을 지닌 until은 '~까지 내내'라는 의미입니다. '기한'을 나타내는 by는 그때까지 중 어떤 시점에서 동작이 일어나거나 완료되는 것을 표현하는 데 반해, until은 동작이나 상태가 지속되는 모양을 뜻합니다. 그래서 어느 시점에 동작이 완료되는 상태를 나타내는 말과는 궁합이 맞지 않지요. '계속 ~당하다', '계속 ~한 상태'를 나타내는 말과 어울립니다. '~까지의 동안 내내'를 뜻한다는 사실을 이해하면, by와 헷갈리는 경우가 줄어들겠지요.

for

의식이 향하고 있는 방향이나 목표하는 방향

어떤 대상에 시선이나 기분이 향하는 이미지를 떠올리게 하는 단어입니다. 향한다는 의미만 나타낼 뿐, to처럼 '도달'의 뜻은 없습니다. 기분이 향하는 '목적'이나 '이유', 가치에 상응하는 '대가'와 '보상', '기간'과 '거리'도 나타냅니다.

의도, 방향, 목적

He left for Paris.
그는 파리를 향해 떠났어요.

The train is bound for Tokyo.
그 기차는 도쿄행입니다.

go out for shopping / for fun
쇼핑/재미를 위해 외출하다

Let's make changes for the better.
더 나은 방향으로 변화를 만들어봅시다.

Demand for electricity is increasing.
전기에 대한 수요가 늘고 있어요.

Let's prepare for lunch. 점심 준비를 합시다.

I'll prepare some cakes for the party.
파티를 위해 케이크를 준비할 거예요.

I work for this company. 이 회사에서 일하고 있어요.

It's time for bed. 잘 시간이에요.

대가, 등가, 교환

I'll pay for the meal.
식사비는 제가 낼게요.

What should I do in return for the gift?
선물에 대한 보답으로 무엇을 해야 할까요?

You have to compensate for the loss you caused.
당신이 초래한 손실을 메워야 해요.

PR stands for public relations. PR은 public relations를 나타냅니다.

This can substitute for a knife. 이것은 칼을 대신할 수 있어요.

I spent $10 for nothing. 저는 10달러를 헛되이 썼어요.

I got it for free. 공짜로 얻었어요.

He is tall for his age. 그는 나이에 비해서 키가 커요.

이유

Thank you for the dinner.
저녁 식사를 대접해주셔서 감사합니다.

He apologized for his error.
그는 자신의 실수를 사과했어요.

I'm sorry for not replying sooner. 더 빨리 답을 못 드려서 죄송합니다.

He didn't show up for some reason.
그는 몇 가지 이유 때문에 오지 않았어요.

They collected data for the purpose of research.
그들은 조사하기 위해 데이터를 모았어요.

They punished him for breaking the law.
그들은 그가 법을 깨뜨렸기 때문에 벌을 내렸어요.

Don't blame me for your mistakes.
당신의 실수에 제 탓을 하지 마세요.

The teacher admired / praised him for his honesty.
선생님께서 그의 정직함을 칭찬하셨어요.

I'm responsible for the project. 저는 그 프로젝트를 책임지고 있어요.

For one thing, we were tired, and for another thing, it was almost midnight.
첫 번째로 우리는 지쳤고, 그다음으로 시간이 거의 자정에 가까웠어요.

기간, 거리

It lasted for two hours.
두 시간 동안 계속됐어요.

Wait for a while. 잠시 기다려주세요.

for the time being 당분간

go to prison for life 종신형에 처하다

We walked for miles.
우리는 수 마일을 걸었어요.

Please proceed for two blocks. You'll see the post office.
두 블록을 가세요. 그러면 우체국이 보일 거예요.

관용구

의도나 방향을 나타내는 for를 쓰는 관용구

I **long for** peace.
저는 평화를 **갈망해요**.

We **waited for** him.
우리는 그를 **기다렸어요**.

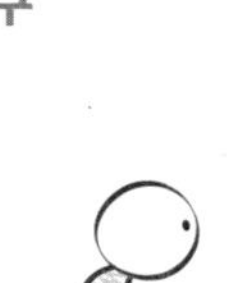

I **hope for** your success.
당신의 성공을 **기원할게요**.

We **searched** the room **for** the key.
우리는 열쇠를 찾기 위해 방을 **조사했어요**.

We are **heading for** Tokyo. 우리는 도쿄로 **향하고 있어요**.

I'm **looking for** a job. 저는 일자리를 **찾고 있어요**.

Go for it! 힘내세요!

I **voted for** the candidate. 저는 그 후보자에게 **투표했어요**.

I **applied for** the job. 저는 그 일에 **지원했어요**.

I **asked for** details. 저는 세부사항을 **요청했어요**.

They **called for** a change of plan. 그들은 계획 변경을 **요청했어요**.

The boy **cried for** help. 소년은 **소리치며** 도움을 **요청했어요**.

You should study harder **for the sake of** your future.
당신의 미래를 **위해** 더 열심히 공부해야 해요.

알아두면 쓸모 있는 영어 사전

전치사의 어원 알아보기①

몇 차례에 걸쳐 어원에 대해 설명하는 칼럼을 준비했습니다. 고대 영어에서 유래한 전치사·부사도 단어가 어떻게 구성되었는지, 그 어원이 무엇인지 살펴보면 뜻을 파악하는 데 많은 도움이 됩니다.

by와 유사한 표현

about	about은 'ab+out'으로 구성되어 있습니다. ab 부분은 by로, 고대 영어에서는 bi로 썼으며, '옆'을 뜻합니다. 원래 형태는 ambhi로, ambient(주변의), ambiguous(모호한)에도 ambi가 남아 있지요. 그리고 out은 '밖'을 말합니다. 따라서 'ambhi+out'은 '~의 옆과 그 주변'을 뜻하지요.
above	ambhi(bi)는 above에도 들어 있습니다. above의 b가 그렇지요. 또 above의 a는 on을 가리킵니다. above의 마지막 부분 ove는 up을 의미합니다. 이 점을 알면 above는 '기준점보다 위쪽'을 나타낸다는 사실을 이해하기 쉽지요.
before	before는 ambhi(bi)와 fore가 결합한 형태입니다. fore는 '앞쪽'을 가리킵니다. forward(앞쪽에), foresee(예견하다), former(전자) 등에 있는 fore입니다. 전치사 for도 fore에서 만들어진 말이지요.
below	'ambhi(bi)+low(낮은)'의 형태로, '아래에'라는 뜻입니다.
beside	beside는 ambhi(bi)와 side(옆)가 결합된 말로, '옆에'를 의미합니다.
between	between은 ambhi(bi)에 tween이 붙은 표현입니다. tween은 현대 영어로 말하면 'two+each'입니다. 따라서 between은 'by+two+each'로 구성되어 있는 셈이지요.

from

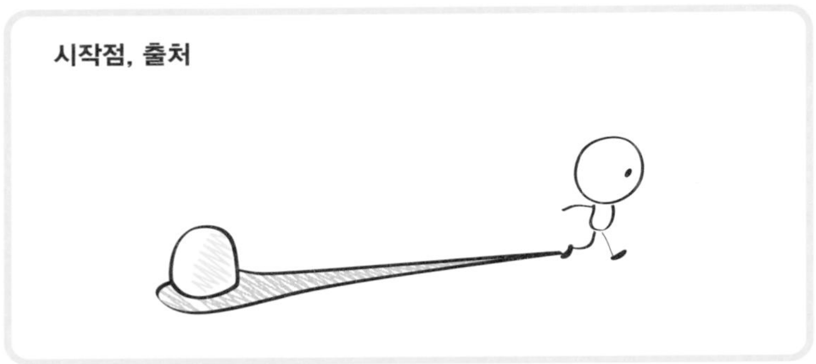

이동, 범위, 시간의 기점, 분리, 변화의 시작점을 나타냅니다. 당연히 도달점을 나타내는 to와 함께 쓰는 경우가 많습니다. of가 나타내는 명확한 분리성보다 '가다 보면 목적지에 도착하다'라는 뉘앙스를 풍기며, 원인과 근거, 기원과 유래, 나아가 원료를 나타낼 수도 있습니다. stop, ban, prevent 등 '저지하다'를 의미하는 동사와 함께 쓸 때는 저지하는 대상(동명사 등) 앞에 붙여줍니다.

기점, 기원, 유래

He comes from London. 그는 런던 출신이에요.

The train departs from Kyoto.
그 기차는 교토에서 출발해요.

far from / away from ~에서 멀리/~에서 떨어져

This word derives from French. 이 말은 프랑스어에서 유래했어요.

He recovered from the injury. 그는 부상에서 회복됐어요.

We learn a lot from experience. 우리는 경험에서 많은 것을 배워요.

He is a friend from school / work. 그는 학교/회사 친구예요.

 '~에서 가까운'이라고 말할 때는 from을 쓰지 않습니다.

close to the office / the nearest seat to the exit
사무실에서 가까운 / 출구에서 가장 가까운 자리

원인, 근거

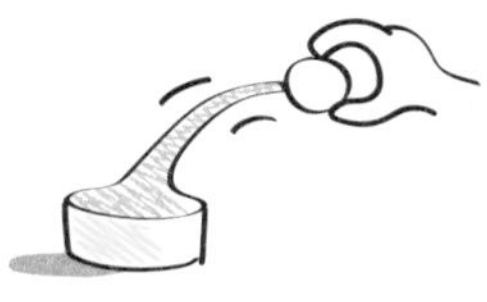

The damage resulted from a typhoon.
그 피해는 태풍 때문에 발생했어요.
She died from overwork.
그녀는 과로로 사망했어요.
I'm suffering from jet lag. 저는 시차로 고생하고 있어요.

구별·분리의 대상

My idea is different from yours.
저의 생각은 당신과 달라요.
Aside from baseball, I like tennis. 야구를 외에는 테니스를 좋아해요.
Keep away from there. 거기서 떨어지세요.
He hid the fact from me. 그는 저에게 사실을 숨겼어요.

제지하는 대상 (from -ing)

Please refrain from smoking here.
여기서는 흡연을 삼가주세요.
The company prohibits workers from smoking.
그 회사는 직원들의 흡연을 금지시켰어요.
We have to prevent infections from spreading.
우리는 감염이 퍼지는 것을 막아야 해요.
I couldn't keep myself from laughing. 저는 웃음을 참을 수 없었어요.
I tried to discourage him from going out.
저는 그가 밖에 나가려는 것을 단념시키려고 애썼어요.

관용구

'~의 관점·입장·시각에서'를 나타내는 관용구
from an engineering standpoint 공학적 입장에서
from the viewpoint of engineering 공학적 관점에서
from a global perspective 범세계적 시각에서

into

'in(안쪽)+to(도달)'로 구성된 단어로, 어딘가로 들어가는 이미지를 떠올리면 의미를 이해하기 쉽습니다. in이 들어가는 동작의 부분이나 전체를 나타내는 반면, into는 들어가는 순간에 초점을 맞추고 있습니다. 충돌 등의 동작을 나타낼 때는 '박히다'와 같은 인상을 줍니다. 또 의식이나 주의를 기울일 때나 변화의 결과를 나타낼 때도 쓸 수 있습니다.

테두리 안에 들어가다, 돌입하다

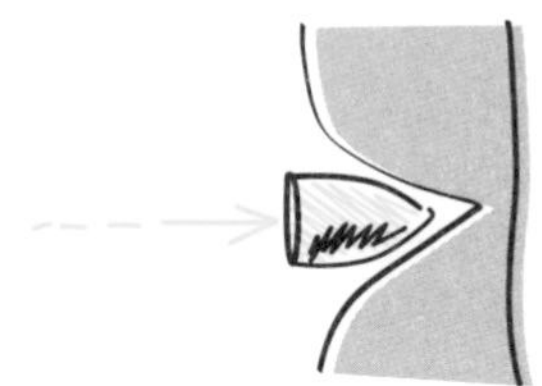

I rushed into the house.
저는 집에 뛰어 들어갔어요.

A car crashed into the wall.
차가 벽에 부딪쳤어요.

Someone broke into my room.
누군가 제 방에 몰래 들어왔어요.

She climbed into the car.
그녀는 차에 탔어요.

We got into a traffic jam.
우리는 교통 체증에 걸렸어요.

의식이나 주의를 기울이다

We looked into the records.
우리는 기록을 살펴봤어요.

investigation into the cause
원인에 관한 조사

research into solar energy
태양 에너지에 관한 연구

He is into football.
그는 축구에 푹 빠져 있어요.

He is talking into the microphone.
그는 마이크에 대고 말하고 있어요.

변화의 결과

They make grapes into wine.
그들은 포도를 와인으로 만들어요.

The rain turned into snow.
비가 눈으로 바뀌었어요.

The group was divided into two. 그 그룹은 둘로 갈라졌어요.

The book was translated into Japanese.
그 책은 일본어로 번역되었어요.

The heat was converted into electricity. 열은 전기로 변화되었어요.

She burst into tears.
그녀는 갑자기 울음을 터뜨렸어요.

The glass broke into pieces.
컵은 산산조각이 났어요.

The new system was put into use / practice.
새로운 체제가 시행/실용화되었어요.

The law will come into effect.
그 법은 시행될 거예요.

관용구

I ran into my old friend. 저는 오랜 친구와 우연히 만났어요.

of

부분, 분리, 귀속

of는 '~의'라는 뜻으로 잘 알려져 있지만, '분리'의 이미지도 있다는 사실을 알아두면 of의 다양한 뜻을 이해하는 데 도움이 됩니다. 분리를 나타내는 전치사에는 off도 있지만, 언어사적으로 off는 of에서 생겨난 말이므로 of 역시 당연히 분리의 의미를 지닙니다. 분리하기 전 대상의 일부이므로, '부분'이나 '귀속'을 나타내는 '~의'라는 뜻이 생겨난 것이지요. 지식이나 인식의 '분리된 단편'을 표현하기도 합니다.

잘라낸 부분, 귀속, 소속

a piece of the puzzle
퍼즐 조각

top of the mountain
산 정상

a map of Japan
일본 지도

a picture of me
내 사진

4th of July
7월 4일

a member of the team
팀의 일원

분리

He robbed me of the chance.
그는 저에게서 기회를 빼앗았어요.
I cleared the walk of snow.
저는 보도의 눈을 치웠어요.
He cured the patient of cancer. 그는 환자의 암을 치료했어요.
The course is free of charge. 그 과정은 무료예요.
He tried to get rid of the smell. 그는 냄새를 없애려고 노력했어요.
He made full use of his ability. 그는 자신이 능력을 최대한 활용했어요.

인식·지식의 단편

I've heard of it. 그것에 대해 들어본 적이 있어요.
I know of it. 그것에 대해 알고 있어요.
He was dreaming of becoming an actor.
그는 배우가 되기를 꿈꾸고 있어요.
The song reminds me of my mother.
그 노래는 어머니를 떠올리게 해요.
Please inform him of the change. 그에게 변경 사항을 알려주세요.
He's aware of the news. 그는 그 소식을 알고 있어요.

감정의 분출, ~의 일로

I'm afraid of dogs. 저는 개를 무서워해요.
I'm proud of you. 저는 당신이 자랑스러워요.
I'm jealous of her. 저는 그녀에게 질투심을 느껴요.
I'm suspicious of him. 저는 그를 의심하고 있어요.
He was accused of theft. 그는 절도로 기소되었어요.

동격, 같은 자격을 갖출 때

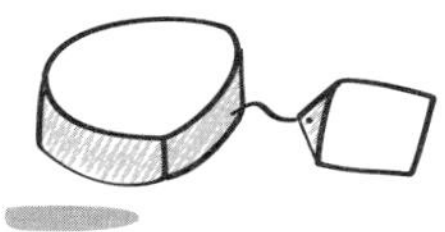

the city of Los Angeles 로스앤젤레스 시
an increase of 5% 5퍼센트 증가

from과 of 사용의 구별

made from과 made of

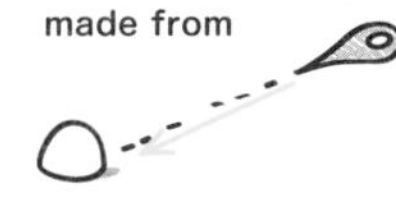

from은 최종 형태가 어떻든 그 시작점에 초점을 맞추고 있는 표현입니다. 원료가 제품으로 바뀌듯이 형태가 변한 경우에 made from을 씁니다.

Wine is made from grapes.
와인은 포도로 만들어져요.

made of

of는 '분리'를 나타내므로, 원래 형태가 남아 있으면서 원재료에서 분리된 느낌을 주는 경우에 made of를 씁니다.

The table is made of wood.
탁자는 나무로 만들어져요.

tired from과 tired of

from은 시작점을 의미하므로, be tired from은 피로의 원인을 나타냅니다.

I'm tired from playing baseball.
야구를 해서 피곤해요.

of는 분리를 나타내므로, be tired of는 그 대상에서 '흥미가 분리된' 상태를 뜻합니다.

tired of

I'm tired of playing baseball.
야구에 싫증이 나네요.

free from과 free of

from이 붙으면 부정적이거나 유해한 것에서 '멀어지다', '벗어나다'의 의미를 지닙니다.

free from discrimination 차별이 없는
free from artificial additives 인공첨가물이 없는

free of 역시 비슷하지만, 요금이나 세금·부담 등에서 '분리되다', '벗어나다'라는 의미를 나타냅니다.

free of charge 무료로

about과 of 사용의 구별

about이 화제에 관한 주변 지식, 즉 '주변을 둘러싼' 지식의 집합체를 나타내는 반면, '분리'를 의미하는 of는 전체에서 일부를 떼어낸 단편 지식을 가리킵니다.

think about과 think of

'어젯밤 그녀를 생각했다'라는 뜻을 'I thought about her last night.'로 표현할 때, '그녀에 관한 여러 주변(about) 정보'를 생각한다는 의미입니다.

think of의 of는 '직선적인' 의미를 나타내어 그 사람 자체를 생각한다는 뜻입니다. 'I thought of her last night.'는 마음에 두고 있는 사람을 떠올린다는 뉘앙스를 풍깁니다.

speak about과 speak of

speak about와 speak of의 차이도 마찬가지로 speak of가 주제에 딱 맞는 구체적인 사항에 관해 이야기한다는 느낌을 줍니다.

know about과 know of

'I know about him.'은 그 사람의 주변 정보(성장 과정, 가족, 관심사 등)를 폭넓게 알고 있다는 뜻이 되며, 'I know of him.'은 그 사람에 관해 단편적으로 전해 들었다는 인상을 줍니다. 예를 들어 소문으로 들은 정도인 거지요.

off

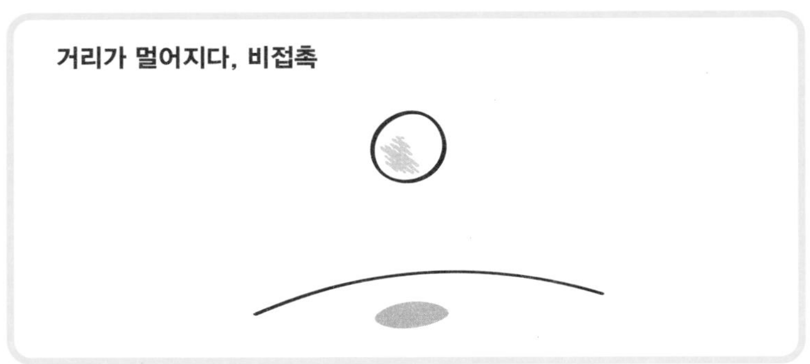

대상에서 떨어져 있는 상태, 멀어져 가는 움직임을 나타냅니다. 멀어지는 방향이 위쪽이든 아래쪽이든 상관없으며, 수평 방향으로 멀어지는 것도 off로 표현할 수 있습니다. 위쪽으로 날아오르는 움직임은 take off, life off로, 아래쪽으로 떨어지는 움직임은 fall of, drop off로 나타냅니다. 있던 장소에서 멀어질 때는 drive off, walk off를 씁니다.

멀어지는 행위에서 '놓다', '시작되다'라는 뜻을 연상할 수 있으며, 짐이나 임무 등에서 분리되거나 '중단되다', '스위치를 끄다'도 off로 표현할 수 있습니다.

떨어져 있다 (상태)

off Okinawa
오키나와에
His opinion was off the point.
그의 의견은 요점을 벗어났어요.
He is off duty.
그는 비번이에요.

This area is off limits to the public.
이 지역은 일반인들에게 출입 금지 구역입니다.
Keep your hands off.
손대지 마세요.

떨어뜨리다, 떨어지다 (동작)

A pen fell off the desk. 펜을 책상에서 떨어뜨렸어요.
I got off the bus. 버스에서 내렸어요.
The rocket lifted off. 로켓이 발사됐어요.
He took off his coat. 그는 코트를 벗었어요.
I'll see you off. 당신을 배웅할게요.
put off / call off 연기하다/중지하다

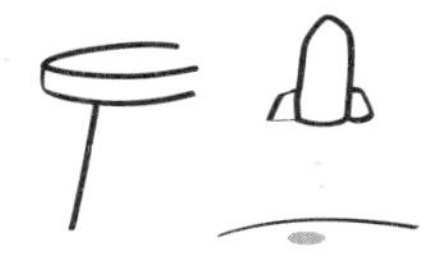

떼어 놓다, 소리·냄새 등을 발하다 (동작)

He went off on a trip. 그는 여행을 떠났어요.
The alarm went off at 6:00. 알람이 6시에 울렸어요.
A bomb went off. 폭탄이 폭발했어요.
He set off an alarm. 그는 경보 장치를 울렸어요.
The flowers gave off a nice smell. 꽃들이 좋은 향기를 풍기네요.
She showed off her ring. 그녀는 반지를 자랑했어요.
I paid off my debt. 저는 빚을 다 갚았어요.
I finished off the job. 저는 일을 끝냈어요.

시작되다

The project kicked off last week.
프로젝트는 지난주에 시작됐어요.
The trip started off on time. 여행은 제시간에 시작됐어요.
The train moved off. 기차가 출발했어요.

끄다, 중단하다

I turned the radio off. 라디오를 껐어요.
on and off 단속적으로
The light went off. 전등을 꺼졌어요.

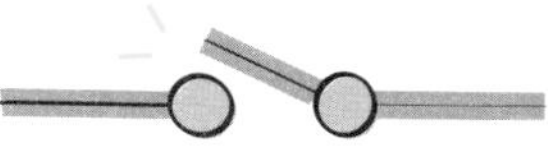

over

포물선 모양의 덮개, 뛰어넘다

포물선 모양으로 덮여 있는 상태, 위쪽 방향으로 편도 혹은 왕복으로 뛰어넘거나 위쪽에 있는 상태를 나타냅니다. 이동을 표현할 때는 멀리서 오는 인상을 줍니다. 또 수치상의 '위'를 의미하기도 합니다.

뛰어넘다, 지나다

They went over a bridge.
그들은 다리를 건넜어요.
We have to get over this difficulty.
우리는 이 어려움을 뛰어넘어야 해요.
Let's carry this over to the next meeting.
이 문제는 다음 회의로 넘깁시다.
over 10 people 10명 이상
The color changes over time. 시간이 지나면 색이 변해요.
over the weekend 주말 동안에

지점을 넘어서다

The boat tipped over.
보트가 뒤집어졌어요.
He turned over the pages.
그는 페이지를 넘겼어요.

건너다, 건네다

We handed the document over to him.
우리는 그 서류를 그에게 넘겼어요.

He took over his father's business.
그는 아버지의 사업을 물려받았어요.

She gave her property over to her son.
그녀는 재산을 아들에게 양도했어요.

It changed over to a new system.
새로운 체제로 바뀌었어요.

반복

I'll think it over.
잘 생각해볼게요.

They checked it over.
그들은 그것을 자세히 살펴봤어요.

Let me start over.
다시 시작해보겠습니다.

I tried over and over.
계속 시도해봤어요.

~상으로

We talked over the phone.
우리는 전화상으로 이야기했어요.

I listened to his song over the radio.
라디오에서 그의 노래를 들었어요.

Let's discuss it over lunch / over coffee.
점심/커피를 먹으면서 논의해봅시다.

멀리서 오다

They came over here.
그들은 여기로 왔어요.

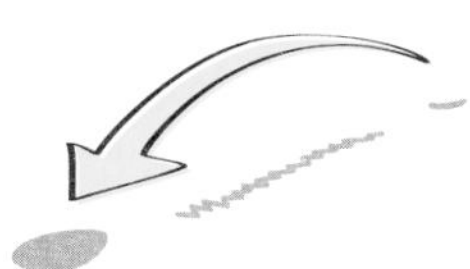

through

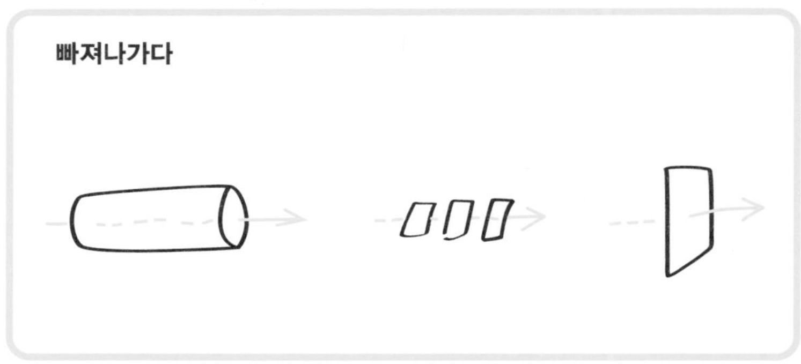

장소 혹은 공간을 빠져나가는 모양을 나타냅니다. 행동을 끝까지 해낼 때의 '경험', '일관성', '경유' 등을 표현합니다.

통과하다, 안쪽 곳곳에

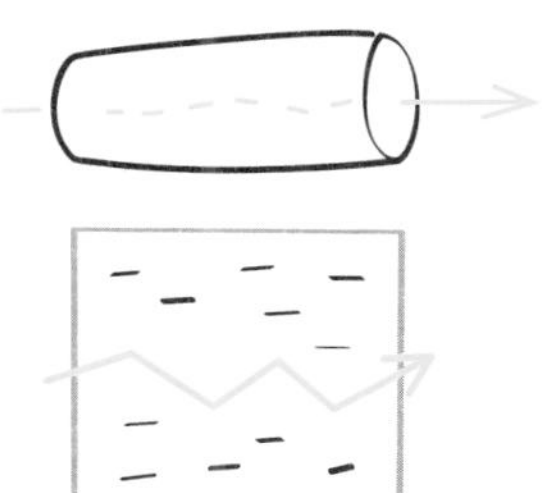

We went through the tunnel.
우리는 터널을 지났어요.
I walked through a room / a park.
저는 방/공원을 걸어 다녔어요.
I went through the trees.
나무들 사이를 지났어요.
Let me through. 지나갈게요.
I looked through the report. 그 보고서를 검토했어요.
Monday through Friday. 월요일부터 금요일까지
The news spread through the town. 그 소식은 마을 곳곳에 퍼졌어요.

'~을 통하여'를 뜻하는 단어로 across가 있습니다. across는 '가로질러서'를 의미하며 '가는 곳까지', '전체에 걸쳐'라는 뜻도 나타냅니다.

across the board 전체에 걸쳐
across the country 전국에

지나다, 경험하다, 끝까지 하다, 시종일관

go through
거치다, 경험하다

get through
빠져나가다, 의미가 통하다, 합격하다

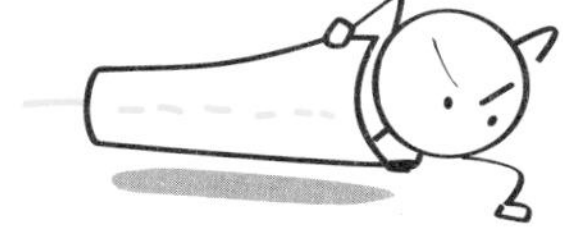

pass through 통과하다, 경험하다

come through 완수하다, 회복하다

put through
전화를 연결하다, 끝까지 하다

carry through 완수하다

follow through 법률 등을 철저하게 따르다, 끝까지 하다

매체, 경유

We talked through an interpreter.
우리는 통역사를 통해 이야기했어요.

The information is available through the Internet.
그 정보는 인터넷을 통해 얻을 수 있어요.

I listened to music through a headset. 헤드셋으로 음악을 들었어요.

We achieved the goal through hard work.
우리는 열심히 일해서 목표를 달성했어요.

들여다보다, 투과하다

I saw him through the window.
창문 너머로 그를 봤어요.

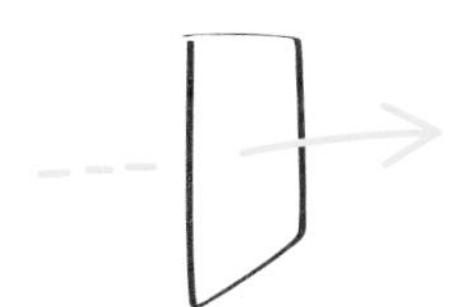

I saw through his lie.
그의 거짓말을 알아챘어요.

I listened through a wall.
벽 너머로 들었어요.

to

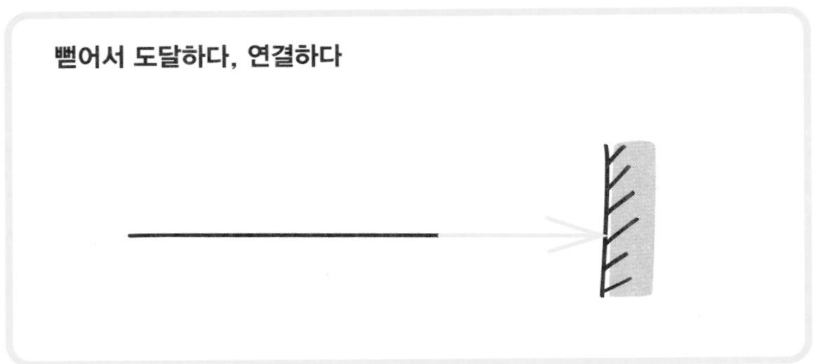

to는 사물이나 의식이 뻗어서 특정 지점에 도달하는 것을 의미합니다. 도달하여 연결된 상태, 도달 한계나 결과, 최종 형상을 나타냅니다. 당연히 시작점을 나타내는 from과 함께 쓰는 경우가 많습니다.

도달

from Monday to Friday
월요일부터 금요일까지
I listened to him.
저는 그의 말을 들었어요.

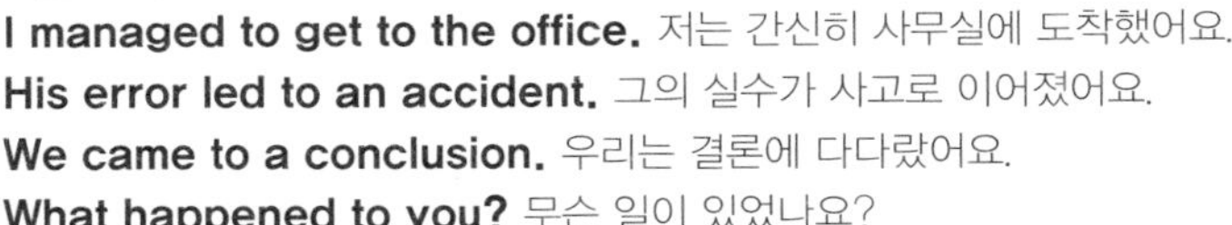

I managed to get to the office. 저는 간신히 사무실에 도착했어요.
His error led to an accident. 그의 실수가 사고로 이어졌어요.
We came to a conclusion. 우리는 결론에 다다랐어요.
What happened to you? 무슨 일이 있었나요?

to가 도달을 나타내는 반면, for나 toward의 시점은 시작점에 있어 도달이나 도달까지의 경로에 주목하지 않습니다. for는 기분이 향하는 방향을, toward는 직선적인 방향을 나타냅니다.

I saw the car driving toward Tokyo.
저는 차가 도쿄 방면으로 달리는 것을 봤어요.

연결, 일치, 대조

This is connected to the Internet.
이것은 인터넷에 연결되어 있어요.
I belong to the team.
저는 그 팀에 속해 있어요.
The fee was equal to my income.
요금은 제 소득과 같아요.
Compared to a year ago, it's much better.
1년 전과 비교해 훨씬 더 좋아졌어요.
We danced to the music.
우리는 음악에 맞춰 춤을 췄어요.

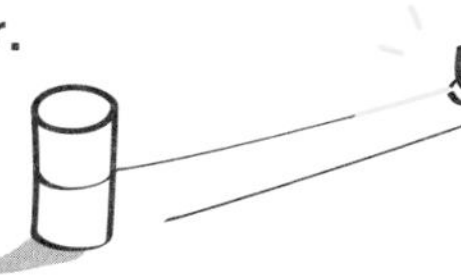

한계에 도달

to date / year to date 지금까지 / 연초부터 지금까지
up to date 최신의
to my knowledge 내가 알고 있는 바로는
to some extent / degree 어느 정도까지
Enjoy yourself to the fullest. 최대한 편안하게 즐기세요.
We fought to the last. 우리는 마지막까지 싸웠어요.
This item is limited to two per each person.
이 물품은 한 사람당 두 개로 제한되어 있어요.

마주한 결과, 최종 형태의 결과

I'm scared to death. 무서워 죽겠어요.
Soon he came to the point.
그가 곧 단도직입적으로 말했어요.

관용구

from time to time 때때로
(from) door to door 출발지에서 도착지까지
His decision was **to the point.** 그의 판단은 핵심을 찔렀어요.

대응

She'll reply to / respond to you.
그녀는 당신에게 답변을 해줄 거예요.
This is the answer to your question.
이것이 당신의 질문에 대한 답이에요.
She is the secretary to the president.
그녀는 사장의 비서입니다. (→ '사장에 응대하는'이라는 뜻)

방향, ~쪽

Turn to the left. 왼쪽으로 도세요.
He was standing next to me.
그는 제 옆에 서 있었어요.
My hotel is close to the beach.
제가 묵는 호텔은 해안가 쪽에 있어요.
We sat face to face / back to back.
우리는 마주보고 / 등을 맞대고 앉았어요.

향하는 대상

That is exposed to heat.
그것은 열에 노출되어 있어요.
The plan is subject to change.
그 계획은 변경될 수 있어요.
I'm sensitive to heat. 저는 더위를 잘 타요.
He is blind to his faults. 그는 자신의 결점을 몰라요.
His faults are visible to anyone. 그의 결점을 모두 알고 있어요.

관용구

key to the room 방의 열쇠 (→ '방에 가기 위한 열쇠'라는 뜻)
key to success 성공의 열쇠 (→ '성공에 이르는 열쇠'라는 뜻)
This area is **home to** a lot of rare animals.
이 지역은 많은 희귀 동물**의 서식지**예요.

어원으로 알아보는 콜로케이션②

ad에는 to를

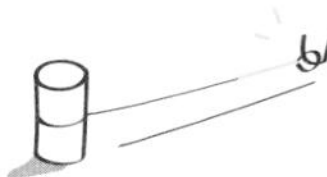

접두사 ad는 '향하여'처럼 방향이나 도달을 의미합니다. 이 접두사는 뒤에 오는 음에 따라 형태가 변하지요. c, k, q 앞에서는 ac로, f 앞에서는 af로, t 앞에서는 at로, l 앞에서는 al로, r 앞에서는 ar로 바뀝니다.

방향이나 도달을 암시하므로, 이 접두사가 붙는 말 중에는 전치사 to와 궁합이 좋은 단어가 많습니다.

Add his name to the list. 그의 이름을 명단에 추가하세요.
Adapt yourself to the situation. 그 상황에 적응하세요.
Adjust the clock to the correct time. 시계를 정확하게 맞추세요.
I have access to the data. 저는 그 데이터를 열람할 수 있어요.
The rule applies to this case. 그 규칙은 이 경우에 적용됩니다.
I attached the file to my email. 메일에 그 파일을 첨부했어요.
I was attracted to the new idea.
저는 새로운 아이디어에 마음이 끌렸어요.
His success was attributed to his talent.
그의 성공은 그의 재능 덕분이었어요.
He took a new approach to the problem.
그는 그 문제에 새로운 접근법을 썼어요.
Pay attention to his words. 그의 말에 집중하세요.

접두사 ob 역시 '향하여'를 뜻합니다. ob도 뒤에 p가 오면 op가 되는 등 형태가 변합니다. 이 접두사가 붙는 단어도 전치사 to와 함께 쓰는 경우가 많습니다.

The gate was an obstruction to traffic.
그 게이트가 교통을 방해하고 있었어요.
I have no objection to the plan. 그 계획에 아무런 이의가 없어요.
I'm opposed to the idea. 저는 그 생각에 반대해요.

알아두면 쓸모 있는 영어 사전 for와 to의 구별

to는 대상으로의 '도달'을 나타내는 데 반해, for는 대상을 향한 '방향'을 의미합니다. 따라서 '그 장소를 떠나다'를 뜻하는 leave는 출발점에 초점을 맞추고 있으므로, 도착지는 for 뒤에 나옵니다. go 역시 '그 장소를 떠나다'를 뜻하므로, 'to+장소'가 붙으면 '그 장소로 이동하여 도달하다'라는 뜻이 됩니다. get에도 to를 붙여 '그 장소에 도달하다'라는 의미를 나타낼 수 있습니다.

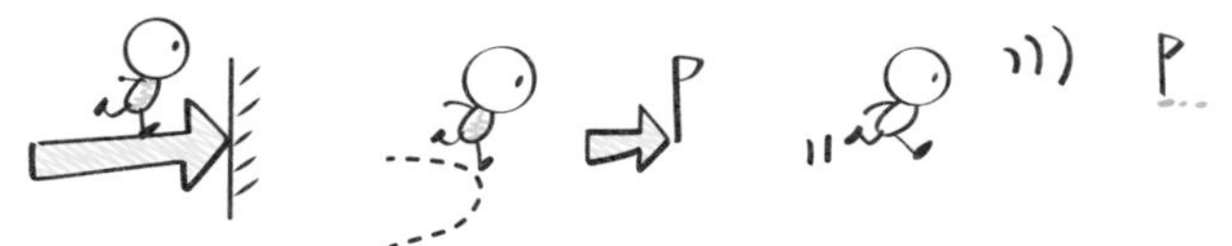

Thank you for ~나 thanks for ~의 for는 '감정이 향하는 대상'을 나타냅니다. 감사하는 마음이 드는 '이유' 혹은 '~에 대한 감사'라고 해석할 수 있지요.

Thank you for your help. 도와주셔서 감사합니다.

thanks to ~는 '~ 덕분에'로, to 뒤에는 thanks가 향하는 대상이 나옵니다.

Thanks to your help, I finished my homework.
당신 덕분에 숙제를 끝냈어요.

to는 직접적인 '도달'과 '연결'을 나타내는 반면, for는 직접적이지 않고 은혜나 혜택이 조금씩 전해지는 느낌을 줍니다. 따라서 do for me는 '나를 위해 해주다'라는 뜻이 되지요. do to me는 직접적인 뉘앙스가 강하므로, '당신이 나에게 해준 일에 감사하다'라고 말하고 싶을 때는 for를 써서, 'Thank you for things you did for me.'라고 합니다.

apply for에서 for 역시 '감정이 향하는 방향'을 나타내므로, '신청하다', '지원하다'를 뜻합니다. '~에 적용되다'에는 '도달'의 의미를 담고 있는 to를 씁니다.

I applied for the job. 저는 그 일에 지원했어요.
The rule applies to all the employees.
그 규칙은 모든 직원에게 적용됩니다.

알아두면 쓸모 있는 영 어 사 전

SVO형식에서 for와 to의 구별

SVOO형식으로 두 개의 목적어(누구에게, 무엇을)를 취할 수 있는 동사는 문장 형식을 'SVO+누구에게'로 나타낼 수 있습니다. 그때 전치사 to를 쓰는 경우와 전치사 for를 쓰는 경우가 있습니다.

for를 쓰면 '~을 위해 해주다'라는 뜻으로, 그 대상에게 은혜나 이익이 향하는 것을 나타냅니다. 이때는 make, buy 등 상대가 없어도 성립되는 동사를 씁니다. 자신을 위하는 경우에도 쓸 수 있지요.

to를 쓰면 '~에게 해주다'라는 뜻으로, 물건이나 정보 등이 직접적으로 대상에게 도달하는 것을 의미합니다. 도달하는 대상이 to로 표현되지요. 보여주거나 전해주는 등 상대가 필요한 동작을 나타내는 동사에 씁니다.

buy a gift for me
나에게 선물을 사주다

make some tea for me
나에게 차를 끓여주다

cook dinner for me
나를 위해 저녁 식사를 차리다

prepare food for me
나를 위해 음식을 준비하다

order coffee for me
나를 위해 커피를 주문하다

get a ticket for me
나를 위해 표를 구하다

save money for me
나를 위해 돈을 저축하다

find a room for me
나를 위해 방을 찾아주다

to

give something to me
나에게 뭔가를 주다

send photos to me
나에게 사진을 보내다

write a letter to me
나에게 편지를 써주다

hand the book to me
나에게 책을 건네주다

pass the card to me
나에게 카드를 건네주다

offer a job to me
나에게 일자리를 제공하다

show pictures to me
나에게 사진을 보여주다

teach English to me
나에게 영어를 가르쳐주다

read the story to me
나에게 이야기를 읽어주다

bring과 leave 등은 의미에 따라 to, for 둘 다 쓸 수 있습니다. for는 '~을 위해 (은혜·이익을 줌)', to는 '~에게 (도달하게 함)'라는 뜻을 암시합니다.

He brought water for me.
그는 나를 위해 물을 가져왔어요.

He brought water to me.
그는 나에게 물을 가져다줬어요.

He left it for me.
그는 그것을 나에게 남겨줬어요.

He left it to me.
그는 그것을 나에게 맡겼어요.

어원으로 알아보는 콜로케이션③

to를 동반하는 동사의 공통점

형용사 중에는 비교 대상을 나타낼 때 than이 아니라 to와 함께 쓰는 단어도 있습니다. 그런 형용사는 라틴어에서 유래한 말로, 원래 비교급의 의미를 지녔던 단어인 경우가 많습니다. 대개 or로 끝나는 단어지요.

Prior to the meeting, I need to talk with you.
회의 전에 당신과 이야기하고 싶습니다.
Mine is inferior to his. 제 것은 그의 것보다 좋지 않아요.
His is superior to mine. 그의 것은 내 것보다 뛰어나요.
He is senior to me. 그는 저보다 선배예요.
I'm junior to him. 저는 그보다 후배예요.

'동등한' 대상을 나타낼 때도 to를 씁니다. (277쪽 참고)

equal to ~와 같은
equivalent to ~와 동등한

'~을 더 좋아하다'를 뜻하는 prefer도 prefer to 형태로 씁니다. prefer의 fer는 '옮기다'를 뜻하는 어근으로, 이것이 들어 있는 단어(동사)는 from이나 to와 궁합이 좋습니다.

He offered help to the boys.
그는 소년들에게 도움을 줬어요.
He referred to the accident.
그는 그 사고에 대해 언급했어요.
He transferred to another branch.
그는 다른 지사로 이동했어요.
He suffered from lung cancer.
그는 폐암을 앓았어요.
The skill differs from person to person.
그 기술은 사람마다 달라요.

under

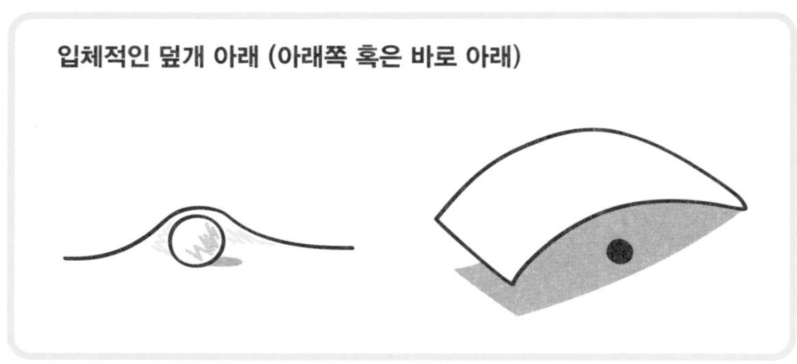

over와 반대로 under는 '덮여 있는' 상태를 표현하며, 접촉 여부와 상관없이 쓸 수 있습니다. 덮여 있는 이미지가 '상황'이나 '과정'을 떠올리게 하여, '관리하', '영향하', '조건하' 등을 표현할 때도 씁니다.

입체적인 덮개 아래 (아래쪽 혹은 바로 아래)

덮개 아래, 수치상의 미만

under the tree / the table
나무/탁자 아래에

under the jacket
재킷 안에

I bought the ticket for under $5.
저는 5달러보다 싼 값에 표를 샀어요.

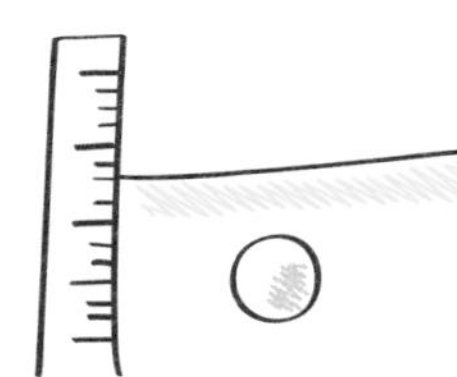

상황, 과정

My car is under repair. 제 차는 수리 중이에요.

The building is under construction. 그 건물은 공사 중이에요.

under development 개발 중

under investigation 조사 중

under discussion / study 검토 중

He is under suspicion. 그는 혐의를 받고 있어요.

A project is under way. 프로젝트는 진행 중이에요.

관리 아래, 영향 아래

The man is under arrest.
그 남자는 구금되어 있어요.

Everything is under control.
모든 일이 잘되고 있습니다.

under pressure 압박을 받는

under the policy 방침하에

under the influence of ~의 영향하에

사정·조건하에서

He reserved a room under the name of Minsu.
그는 민수 이름으로 방을 예약했다.

under the condition of/that ~ ~의 조건하에서

관용구

fall under ~ 아래에 들어가다, ~의 영향을 받다

come under fire 비난을 받다

go under 가라앉다, 몰락하다

under the sun 이 세상의

under the table 부정한 방법으로

under the eye of ~의 감시하에

with

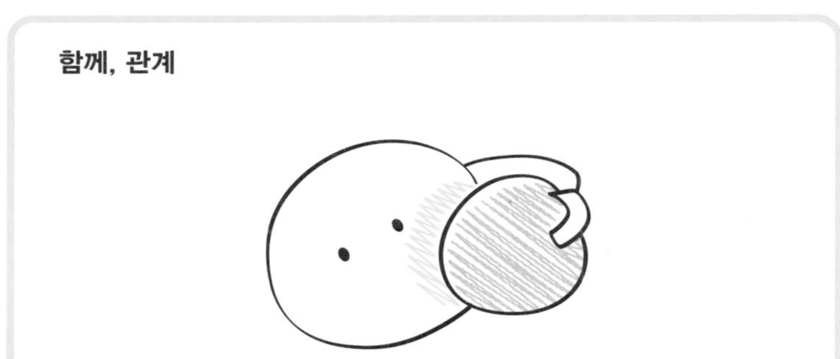

어울려 함께 있거나 동반할 때, 부속·부수되어 있는 상태를 표현할 때 씁니다. 가득 채우거나 덮을 때의 재료를 나타낼 수도 있습니다. 특히 부대 상황을 표현하는 방식은 상당히 자주 쓰이므로, 완벽하게 익혀둬야 합니다.

조화를 이루어, 함께, 동반하여

coffee with cream
크림을 넣은 커피
agree with
~에 동의하다
put up with
~을 참고 견디다
I can live with that.
전 그것을 감수할 수 있어요.
I can't cope with this situation.
전 이 상황에 대처할 수 없어요.
Please bear with me. 조금만 참아주세요.
I'm proceeding with the project.
제가 그 프로젝트를 진행하고 있어요.

 도구나 수단을 나타내는 with은 by의 항목을 참고하세요. (256쪽 참고)

도구, 수단

He cut the pie with a knife.
그는 칼로 파이를 잘랐어요.
She helped me with my homework.
그녀는 저의 숙제를 도와줬어요.

소유, 휴대, 병

a man with white hair
머리카락이 하얀 남자
a room with two beds
침대가 두 개인 방
a man with a gun 총을 갖고 있는 남자
a man with cancer 암에 걸린 남자
He was diagnosed with cancer. 그는 암 진단을 받았어요.
He was infected with flu. 그는 독감에 걸렸어요.

기본적인 상황, 모습

He talked with a smile / with a sigh.
그는 웃으며 / 한숨을 쉬며 말했어요.
He jumped with joy. 그는 기뻐하며 뛰었어요.
He opened the box with care / with ease.
그는 조심스럽게 / 편하게 상자를 열었어요.
with love 사랑을 담아

with+A+C (명사 A가 보어 C의 상태로)

He was sitting with his hands in his pockets.
그는 주머니에 손을 넣고 앉아 있었어요.
with the door closed
문이 닫힌 상태로
with the bag fully packed
가방이 가득 찬 상태로

재료

The shop is filled with customers. 가게가 손님들로 가득해요.

The mountain is covered with snow. 산이 눈으로 덮여 있어요.

Please supply us with enough water.
사람들에게 물을 충분히 주세요.

They provided me with the details.
그들은 저에게 세부 항목을 줬어요.

관계, 관련

I have a good relationship with him.
저는 그와 좋은 관계를 맺고 있어요.

He's familiar with baseball. 그는 야구에 대해 잘 알아요.

I'm satisfied / delighted with the result.
저는 그 결과에 만족하고/기뻐하고 있어요.

I have no problem with that. 그것과 관련해 아무 문제도 없어요.

What's wrong with you? 무슨 일이 있나요?

대립

I had a fight with my brother. 남동생과 싸웠어요.

We have to compete with our rival.
우리는 라이벌과 경쟁해야 해요.

It conflicts with another appointment.
그것은 다른 약속과 겹치네요.

상황의 이유, 양보

With all that noise, I couldn't sleep at all.
소음 때문에 저는 전혀 자지 못했어요.

With some exceptions, it is not used.
몇몇을 제외하고는 그것은 사용되지 않아요.

With a few exceptions, his works are excellent.
예외가 조금 있지만, 그의 작품은 훌륭해요.

어원으로 알아보는 콜로케이션④

co/con과 with

접두사 co와 con은 '함께'라는 의미로, con의 n은 이어지는 자음에 의해 m이나 l 등으로 바뀝니다. 이 접두사가 붙은 단어는 전치사 with와 궁합이 좋습니다.

동사	
coincide with	~와 일치하다, ~와 동시에 일어나다
coordinate with	~와 어울리다, ~와 협력하다
collaborate with	~와 협력하다
collocate with	~와 연어를 이루다
combine A with B	A를 B와 결합하다
communicate with	~와 연락하다
compare A with B	A와 B를 비교하다
compete with / against	~와 경쟁하다
comply with	~에 순응하다, ~에 따르다
compromise with	~와 타협하다
conflict with	~와 대립하다
have a confrontation with	~에 직면하다
connect A with / to B	A와 B를 연결하다
형용사	
be common with	~와 공통점이 있다
be compatible with	~와 호환되다
be consistent with	~와 일치하다
명사	
in cooperation with	~와 협력하여
in conjunction with	~와 함께, ~와 연결하여
be in contact with	~와 접촉하고 있다, ~와 연락하며 지내다

알아두면 쓸모 있는 영어사전 감정을 표현하는 형용사(수동태)와 전치사

감정을 표현하는 형용사 중에는 타동사의 과거분사 형태(분류상은 형용사)를 띠는 표현이 많습니다. 수동태는 대부분 동작의 주체 앞에 by가 붙지요. 하지만 감정을 표현할 때는 감정의 원인, 즉 감정을 일으키는 동작의 주체 앞에 by 이외의 전치사가 붙는 경우가 많습니다.

우리말로 '그가 놀라다'라고 말하면, '그 자신이 ~하다'라는 자동사처럼 느껴지지만, 영어로는 '타인의 동작에 의해 ~해지다'라는 의미가 됩니다. 다시 말해 '동작의 주체가 하는 행위의 결과로 피동작자의 감정이 생기다'를 뜻하지요.

놀람이나 기쁨, 곤란한 감정에 이르게 하는 원인이나 대상 앞에 at을 씁니다. '~을 보고', '~을 듣고'라는 감각·지각이 향하는 대상을 at으로 표현합니다.

I was surprised at the news.
저는 그 소식에 놀랐어요.
I was amazed at the result.
저는 그 결과에 놀랐어요.
I was astonished at his intelligence.
저는 그의 지성에 깜짝 놀랐어요.
I was pleased at his success.
저는 그가 성공했다는 소식에 기뻤어요.
I was puzzled at the story.
저는 그 이야기에 당혹스러웠어요.

동작의 주체가 의도적인 행동으로 놀라게 하는 상황, 가령 '갑자기 쳐서 깜짝 놀랐다'라는 의미일 때는 일반적인 수동태와 마찬가지로 'I was surprised by him.'으로 표현합니다.

shock은 순간적인 자극을 받았을 때는 at을 쓰지만, 정신적으로 큰 충격을 받았을 때는 by를 씁니다.

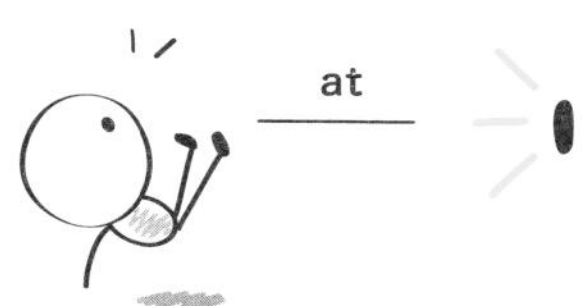

I was shocked at her words.
그녀의 말에 충격을 받았어요.

I was shocked by his death.
그의 죽음에 충격을 받았어요.

순간적인 외부 자극에는 at을 쓰지만, 뭔가에 휘말려 고민하는 상태를 나타낼 때는 about을 씁니다.

I'm concerned about his safety.
그의 안전을 걱정하고 있어요.
I'm worried about my job.
저의 일에 대해 걱정하고 있어요.

about

고민이나 괴로움의 원인이 무거운 감정을 일으키는 경우에는 by를 씁니다.

I'm disgusted by his behavior.
그의 행동에 불쾌감을 느꼈어요.
I was embarrassed by the situation.
그 상황에 당황했어요.
I was depressed by the decision.
그 결정에 실망했어요.
I was annoyed by the noise.
그 소음에 짜증이 났어요.

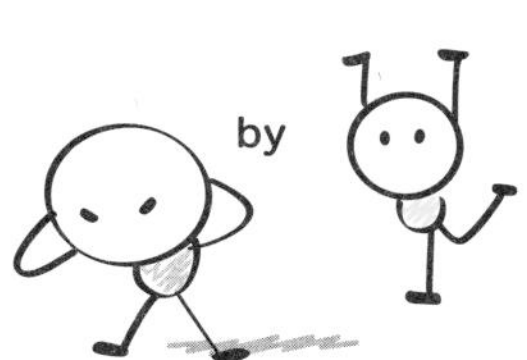

동작 주체에 의한 '동작'보다 결과로서의 '상태'를 표현할 때는 by가 아니라 다른 전치사를 씁니다. 아래의 예시들을 살펴보세요.

첫째, 누군가 주체적인 의지로 행동하는 것이 아니라 재료나 정보에 의해 감정이 고양되거나 반대로 가라앉는 상태를 나타낼 때는 with를 씁니다.

I'm satisfied with the results.
그 결과에 만족하고 있어요.
She was delighted with his present.
그녀는 그의 선물에 기뻐했어요.
I'm disgusted with his attitude.
그의 태도에 불쾌감을 느꼈어요.
I was bored with his speech.
그의 연설이 지루했어요.

둘째, 사람의 지식과 관련되는 상태에는 to를 씁니다.

The signer is known to everybody.
그 가수는 모두에게 유명해요.

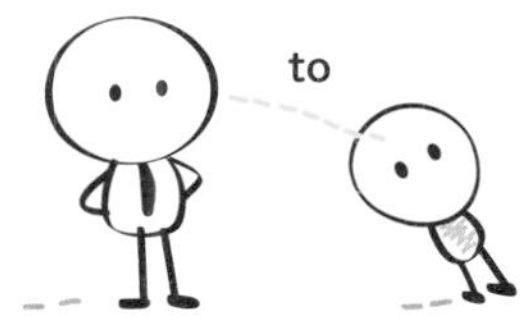

셋째, 감정이 끌리거나 무언가에 관심을 기울이는 것을 표현할 때는 다음과 같이 씁니다.

I'm interested in music.
저는 음악에 흥미가 있어요.
I'm absorbed in jazz.
전 재즈에 빠져 있어요.

전치사의 어원 알아보기②

off와 유사한 표현

off	of를 '분리'의 이미지와 연결 짓는 것은 언뜻 이해하기 어려울지도 모릅니다. 하지만 off는 '분리'의 이미지를 떠올리기 쉽지요. 사실 off는 of에서 생긴 말입니다. 따라서 of에도 '분리'의 의미가 남아 있는 것은 당연하지요.
after	어원적으로 매우 간단히 말하면 'off의 비교급'의 느낌으로 '더 떨어져서'를 나타냅니다. 그래서 '~ 뒤에'의 의미가 생겨난 것이지요.

그 밖의 표현

near	near는 '가까이'라는 뜻이지만, 원래는 nigh의 비교급이었습니다. nigh는 현대 영어에도 있는 표현으로 near과 같은 의미를 지니고 있지요. '이웃'을 뜻하는 neighbor도 nigh도 마찬가지입니다. neigh나 near는 '거리적인 가까움의 정도'를 나타내는 말입니다. near는 원래 비교급의 의미를 나타내는 표현이었고, 그 최상급은 next입니다.
through	through는 thorough와 비슷합니다. 사실 둘의 어원은 같습니다. '철저한', '철두철미한'을 의미하는 thorough는 '터널 같은 공간을 지나는 이미지'를 지닌 전치사 through와 상통하지요. 어원은 다르지만, throat, throttle 역시 '통과하다'의 이미지를 떠올리게 하는 표현입니다.
to	to는 '너무 ~하다'를 뜻하는 too와 비슷한 단어입니다. to는 '도달'의 의미하는 데 반해, 도달을 넘어 '도를 넘었음'을 표현하기 위해 o를 덧붙인 말이 too입니다.

up

위쪽으로, 위쪽에서

up과 다음에 나올 down은 전치사보다 부사로 쓸 때가 많으며, 동사와 결합하여 다양한 의미를 만들어냅니다. up은 원래 '위로', '위쪽으로'를 뜻하지요. 위쪽으로 움직이거나 기분이나 컨디션이 좋아질 때, 수치가 올라갈 때, 사물이 위로 떠오르는 상태를 표현할 때 씁니다. 나아가 '강해지거나 강해지게 하는' 인상을 주며, 의식의 중심에 가까이 다가가는 상태를 나타낸다는 사실도 알고 있으면, 숙어나 관용구의 의미도 이해하기 쉬울 것입니다.

위쪽으로, 높이다

get up 일어나다
stand up 일어나다
Prices went up. 가격이 올랐어요.
I picked up a pen. 펜을 집어 들었어요.
I looked up at the sky. 하늘을 바라봤어요.
She was brought up in the UK. 그녀는 영국에서 자랐어요.
Stress builds up. 스트레스가 쌓여요.
She made up a story. 그녀는 이야기를 만들었어요.
She dressed up. 그녀는 옷을 차려입었어요.
He teamed up with his friends. 그는 친구들과 팀을 이뤘어요.

공중에 띄우다, 흩어지다

The issue is still up in the air.
그 문제는 아직 해결되지 않았어요.
give up 포기하다
Their relationship has broken up.
그들의 관계는 깨졌어요.
He always messes up his room.
그는 항상 방을 어지럽혀요
It's up to you. 당신에게 달렸어요.

기분이나 상태를 고양시키다

wake up 깨어나다
Speak up! 크게 말하세요!
I cheered my sister up.
동생을 격려해줬어요.
Listen up! 잘 들으세요!

시작하다, 작동시키다

I started up a company. 회사를 차렸어요.
He opened up a business.
그는 개업했어요.
I set up a blog. 블로그를 시작했어요.
I booted up my PC. 컴퓨터를 켰어요.

의식이나 위치가 높은 상태

I sometimes stay up late.
전 가끔 밤늦게까지 깨어 있어요.
He sat up in the chair.
그는 고쳐 앉았어요.
I can't put up with this hard work.
저는 이런 힘든 일을 참고 해낼 수 없어요.

완전히, 확실히

open up 마음을 열다
clean up 치우다, 청소하다
clear up 맑게 개다
brush up 깨끗하게 청소하다
fasten up / tie up
단단히 고정하다 / 묶다
drink up / eat up / use up
다 마시다 / 다 먹다 / 다 쓰다
be tied up with
~로 바쁘다
fill up 가득 채우다
take up 차지하다

끝내다, 정리하다

finish up
끝내다
wrap up
끝내다, 마무리하다
sum up
합계를 내다, 요약하다
end up
결국 ~하게 되다
draw up
작성하다, 만들다
make up one's mind
결심하다

가까이 가다, 나타나다, 떠오르다

keep up 뒤떨어지지 않게 따라가다
catch up 따라잡다
up to now 지금까지
show up 나타나다
come up 다가가다, 다가오다
What's up? 무슨 일이에요? 잘 지냈어요?
meet up 만나다

관용구

My weight goes **up and down.**
저는 체중이 **오르락내리락**해요.
Children were running **up and down.**
아이들이 **왔다갔다** 뛰어다녀요.

down

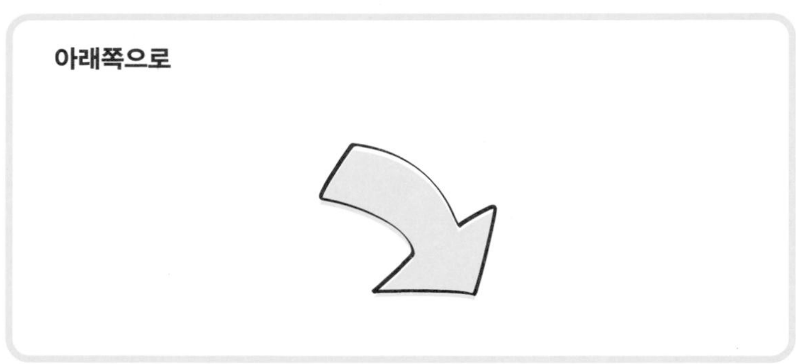

up과 반대로 '아래로', '아래쪽으로'를 뜻합니다. 아래쪽으로 움직일 때, 기분이나 컨디션이 가라앉거나 수치가 떨어질 때 씁니다. 대상이 위로 올라가는 상태를 표현하는 up과 달리 '침착', '안정', '정착'의 뉘앙스를 풍깁니다. up과 반대로 의식의 중심에서 멀어지는 상태를 나타냅니다.

아래쪽으로

My temperature came down.
열이 떨어졌어요.

He lay down on the bed.
그는 침대에 누웠어요.

Please turn down the radio.
라디오 볼륨을 줄여주세요.

He cut down the trees.
그는 나무를 베었어요.

The car slowed down.
차의 속도를 줄였어요.

He looks down on me.
그는 저를 얕보았어요.

정착하다, 침착하다

write down / put down / take down
적어놓다

He settled down in Japan.
그는 일본에 정착했어요.
Calm down. / Cool down. 진정하세요.
We are tied down by rules. 우린 규칙에 얽매여 있어요.

완전히, 철저히

She knocked down the robber.
그녀는 강도를 때려눕혔어요.

The police crack down on illegal parking.
경찰은 불법 주차를 엄중하게 단속했어요.
The factory shut down. 그 공장은 폐쇄됐어요.
The store closed down. 그 가게는 문을 닫았어요.
We turned down his request. 우리는 그의 부탁을 거절했어요.
The bridge broke down. 그 다리가 무너졌어요.
strip down / tear down 분해하다, 모든 것을 빼앗아 가다/해체하다

멀어지다, 떨어뜨리다

Please go down the street.
길을 따라가세요.
Let's get down to business.
일을 시작합시다.

The police backed down.
경찰은 물러났어요.
He stepped down from the position.
그는 그 자리에서 내려갔어요.
down the road 장래에

out

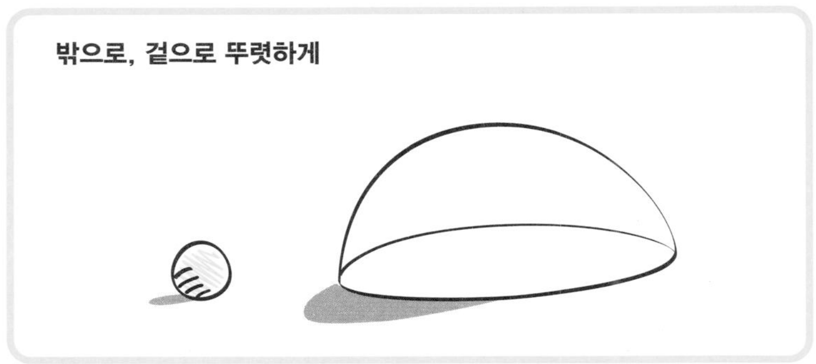

전치사로는 자주 쓰이지 않지만, 구동사로 많이 활용됩니다. '안에서 밖으로', '밖에 있는 상태', '밖에서', '외출하여' 등의 의미를 나타냅니다. 또한 '전부 내놓다'라는 이미지에서 '완전히', '전부'라는 뜻도 생겨났지요.

안에서 밖으로, 꺼내다

I took out the garbage this morning.
오늘 아침 쓰레기를 내놨어요.

We picked out the best one.
우린 가장 좋은 것을 골라냈어요.

He came out from nowhere.
그는 어디선지 모르게 갑자기 나타났어요.

This fruit gives out a strong odor.
이 과일은 진한 향이 나네요.

I'd like to check out.
체크아웃하고 싶은데요.

Vinegar brings out the flavor in fish.
식초는 생선에 풍미를 더해줘요.

밖에서

Let's eat out this evening.
오늘 저녁엔 외식해요.

분명히·확실히 (완전히)

figure out / find out / check out
이해하다/알아내다/확인하다

stand out / point out / speak out
눈에 띄다/지적하다/분명하게 말하다

Watch out!
조심해요!

발휘하다·끝까지 해내다 (완전히)

He carried out his task.
그는 과제를 끝까지 해냈어요.

The plan worked out.
그 계획은 잘 진행됐어요.

다 쓰다 (완전히)

The water ran out. 물이 고갈됐어요.

The book sold out. 책이 다 팔렸어요.

My shoes wore out. 신발이 다 낡았어요.

We will phase out the system.
우리는 그 시스템을 단계적으로 폐지할 거예요.

The candle burned out. 양초가 다 타버렸어요.

Dinosaurs died out. 공룡은 전멸했죠.

완전히, 딱 맞게

write out / spell out
자세히 쓰다/상세히 설명하다

fill out / buy out
기입하다/매수하다

rule out 제외시키다

throw out 내쫓다

lock out / shut out 폐쇄하다, 내쫓다

out of

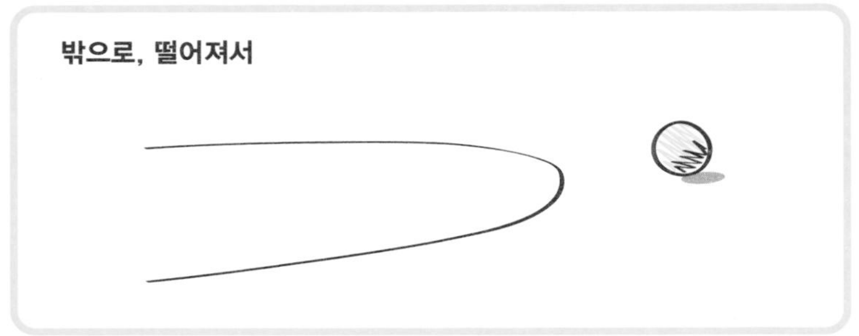

out은 전치사로 사용되는 경우가 별로 없습니다. 하지만 out of는 전치사처럼 사용되어 '안에서 밖으로'라는 움직임이나 '떨어진' 상태를 나타냅니다.

안에서 밖으로

He got out of the car. 그는 차에서 내렸어요.
He got out of the hospital. 그는 퇴원했어요.
Please keep out of the room. 방에서 나가주세요.
I got out of breath. 전 숨이 찼어요.
We are running out of time. 우리에게 남은 시간이 점점 줄어들고 있어요.
The printer is out of paper / toner. 프린터에 종이/토너가 떨어졌어요.
The man cheated her out of money.
그 남자는 그녀를 속여 돈을 뜯어냈어요.

떨어져서 반대는 in 등

	⇔	
out of town 도시를 떠나		**in town** 도시에서
out of order 고장 난		**in order** 정상 상태의
out of hand 감당할 수 없는		**in hand** 관리하에 있는
out of danger 위험에서 벗어나		**in danger** 위험에 처해
out of scope 범위 밖에		**in scope** 범위 내에
out of sight 보이지 않는 곳에		**in sight** 시야 안에
out of control 제어할 수 없는		**under control** 제어할 수 있는
out of date 시대에 뒤처진		**up to date** 최신의

공부를 끝마치며

마지막까지 읽어주셔서 감사합니다.

영단어를 '이미지'로 파악할 수 있다는 사실을 실감하셨나요?

얼마 전 TV에서 빨강, 파랑 등 색상이 사람에 따라 다르게 보인다고 하더군요. 즉 제가 보고 있는 파랑이 다른 사람들이 보고 있는 파랑과 다를 수 있다는 말입니다. 말도 마찬가지가 아닐까 합니다. 어떤 단어에 대해 제가 생각하는 의미와 다른 사람이 생각하고 있는 의미에 약간의 차이가 있을 수도 있겠지요. 대화를 나누다 상대방이 생각하는 단어의 뜻이 자신의 생각과 다르다는 사실을 느낀 적이 있지 않나요? 그럴 때는 각자가 머릿속에서 그리고 있는 이미지를 수정하면서 서로 맞춰나가면 좋겠지요.

무엇보다 많은 영어 문장을 읽고 들으며, 기존에 알고 있던 해석이나 자신의 머릿속에 있는 이미지를 점검해보고 계속 수정해나가야 합니다. 그래야 단어의 진정한 의미에 가까워질 수 있습니다.

출판사에서 책을 만들어보자는 제안을 받았을 때, 사실 처음에는 쉽게 생각했습니다. 하지만 작업을 해나갈수록 책을 제작하는 일이 얼마나 힘든지 알게 되었지요. 예문 작성을 도와준 베스 마이어스와 엘리너 골드스미스, 내용을 꼼꼼히 검토해준 많은 분들, 그리고 일러스트 작업을 도와준 스튜디오 스팀엔진의 아미이 씨께 감사 인사를 드립니다. 여러분이 없었다면, 이 책은 결코 세상에 나오지 못했을 것입니다.

스즈키 히로시

옮긴이 **정은희**

고려대학교 영어영문학과를 졸업 후 출판사에서 교과서와 참고서를 기획하고 편집했다. 대학에서 배운 일본어의 매력에 빠져 일본 문화를 공부하고 일본 서적을 읽으면서 번역가의 꿈을 키웠다. 글밥아카데미 수료 후 바른번역에서 전문번역가로 활동하며 좋은 책을 소개하는 데 힘쓰고 있다. 역서로는『하버드 행복 수업』『곰돌이 푸, 행복한 일은 매일 있어』『아주 작은 디테일의 힘』『싱킹 프레임』 등이 있다.

영어는 아는 단어로

초판 1쇄 발행 2022년 12월 19일

지은이 스즈키 히로시
옮긴이 정은희

발행인 이재진 **단행본사업본부장** 신동해
편집장 조한나 **책임편집** 윤지윤 **디자인** 데시그
마케팅 최혜진 신예은 **홍보** 정지연
국제업무 김은정 김지민 **제작** 정석훈

브랜드 뉴런
주소 경기도 파주시 회동길 20
문의전화 031-956-7356(편집) 031-956-7087(마케팅)

홈페이지 http://www.wjbooks.co.kr
페이스북 www.facebook.com/wjbook
포스트 post.naver.com/wj_booking

발행처 ㈜웅진씽크빅
출판신고 1980년 3월 29일 제406-2007-000046

ISBN 978-89-01-26725-8 03740

· 뉴런은 ㈜웅진씽크빅 단행본사업본부의 브랜드입니다.